MARKETING EDUCACIONAL

A ESTRATÉGIA PARA ATRAIR PUBLICO

Alberto Ravizzoli

"Educar a mente sem educar o coração não é educação".
Aristóteles

"É maravilhoso educar, é trazer à tona e não impor, como muitas vezes se acredita".
Vittorino Andreoli

"A educação deveria inculcar a ideia de que a humanidade é uma família com interesses comuns. Consequentemente, a colaboração é mais importante que a competição".
Bertrand Russel

"Talvez seja isso ensinar: que cada lição seja um momento para o despertar".
Daniel Pennac

ÍNDICE

Introdução

Capitulo I   1
A criação de um sistema baseado no sucesso do estudante.

Capitulo II   9
O marketing nas instituições de ensino.

Capitulo III   21
A comunicação. Um processo dialógico e relacional.

Capitulo IV   27
Captação de alunos. Modelos e estratégias.

Capitulo V   45
Vendas na educação. Vendedores/consultores, captação de alunos e inteligência de Mercado.

Capitulo VI   57
A gestão da permanência.

Capitolo VII   69
Replanificar e melhorar o marketing. Metodologia de trabalho.

Vapitulo VIII   91
Os desafios do marketing educacional.

Bibliografia   107

INTRODUÇÃO

Uma das coisas mais importantes que precisamos fazer quando estamos em um planejamento de marketing é definir nossas estratégias de comunicação. A palavra "definir" em sua etimologia significa "marcar o fim". Começar pelo final pode parecer estranho, mas é essencial. Precisamos saber qual o fim que se espera para cada item que colocamos em nosso planejamento de marketing, tanto no que se refere às divulgações que saem nas redes sociais como as estratégias de fidelização ou conquista de novos alunos durante a campanha de matrículas. Para identificar a finalidade de cada estratégia, existem dois conceitos importantes que precisamos conhecer: o marketing de informação e o marketing de construção.

O marketing de informação consiste na divulgação das atividades da escola, dos diferenciais, dos resultados, do que acontece dentro e fora da sala de aula. São as informações institucionais da escola, que precisam ser divulgadas ao longo do ano porque são elas que mostram quem a escola é, de onde a escola vem e para onde a escola vai, quais seus princípios, seus valores e sua proposta. Mesmo sendo uma atividade já implementada em todas as escolas, pouco gestores refletem sobre um aspecto essencial, ou seja, quais informações não estou divulgando mesmo tendo a oportunidade.

Em geral a palavra "resultado" é associada no aluno que passou em exame, o vestibular ou na universidade. Mas existem pequenos resultados que acontecem ao longo da jornada escolar que por vezes não damos destaque. Por exemplo as "passagens" que acontecem no ensino fundamental, quando se deixa de usar o lápis para passar a usar a caneta.

Estas passagens representam um março muito significativo para as famílias e também para os alunos, e a divulgação de tais eventos podem trazer muita repercussão para a marca da escola. E mesmo se envolve um pequeno número de alunos, podendo parecer algo sem importância, provamos a refletir a sua importância – numérica – quando pensamos nos números da campanha de matricula. Não é fácil captar novos alunos! Vale lembrar que impactar as famílias em pequenas ações, pode garantir a instituição uma boa performance na campanha de matrículas e rematrículas.

É, portanto, importante pensar nos pequenos resultados que acontecem ao longo da jornada estudantil e que a escola pode (e deve) dar destaque, algum projeto da Educação Infantil, do Fundamental ou do Ensino Médio, mesmo que envolva uma única sala de aula. Este é um exemplo de marketing de informação que na maioria das vezes é subestimado.

Além do marketing de informação, temos o marketing de construção que consiste em aproximar estudantes do ambiente escolar, transformando-os em admiradores, parceiros e divulgadores da escola e construindo um relacionamento duradouro. Quando falamos em transformar os pais em divulgadores e admiradores, falamos do que acontece na escola e que surpreende os pais. Encantamento é a palavra de ordem do marketing de construção.

Por exemplo desenvolver uma camiseta muito bonita a ser dada aos alunos que fazem a rematrícula. Um presente que pode valer "ouro" especialmente se a camiseta pode ser "vestida" também fora do ambiente escolar. Se imagine neste caso o aluno que se torna outdoor ambulante da escola porque anda por todos os lugares da cidade levando no peito a marca da escola.

O aluno e consequentemente os pais se tornam admiradores e divulgadores. Mais uma vez pequenas iniciativas da escola podem causar grandes impactos no aluno e na família. Em outras palavras a escola deve pensar em estratégias que tenham essa finalidade: aproximar os pais e os estudantes do ambiente escolar, transformando-os em admiradores e divulgadores. Afinal de contas, a melhor campanha de matrículas é aquela que acontece boca a boca, e isso só vai acontecer se a escola tiver estratégias com essa intencionalidade.

Em conclusão entender a diferença entre o marketing de informação e o marketing de construção faz a escola ter mais facilidade de escolher a estratégia e o tipo de comunicação a usar em suas redes sociais, em seu canal do YouTube, em seus eventos ou suas estratégias de campanha de matrículas e rematrículas. O desafio de construir um planejamento de marketing sempre parte de qual estratégia se quer adotar: informar ou construir. Isso é fundamental para desenvolver uma comunicação com mais intencionalidade para assim obter melhores resultados.

CAPITULO I

A CRIAÇÃO DE UM SISTEMA BASEADO NO SUCESSO DO ESTUDANTE

Monitorar e gerenciar a satisfação do cliente é um fator-chave para o sucesso de qualquer empresa, bem como a necessidade de entender os fatores que geram valor para os clientes com a "solução" proposta pelo fornecedor. Isso vale especialmente para as empresas que oferecem um serviço na modalidade assinatura ou associação ou vendem produtos ou serviços únicos e, portanto, desejam negociar com seu cliente mais de uma vez. É o caso do modelo do negócio educacional, onde o objetivo é reter o aluno por mais tempo na instituição de ensino para promover educação continuada, reduzir o custo de aquisição de um novo aluno e mitigar a evasão.

O segmento educacional é um nicho de mercado peculiar, onde temos uma oportunidade de negócio única que permite intensidade nas interações – todos os dias– com os nossos clientes e em um espaço de tempo considerável, e oferece a oportunidade exclusiva de criar relacionamentos significativos, com engajamento, ou seja: conexão profunda, o que nenhum outro negócio tem. Se pensarmos o negócio educacional do ponto de vista de todas as possibilidades de novas ofertas para um mesmo cliente, temos desde o berçário, infantil, ensino fundamental I, ensino fundamental II, ensino médio, técnico e profissionalizante, graduação, pós-graduação, mestrado, doutorado, cursos livres e extensões.

Para isso precisa transformar o modelo antigo de gestão de marketing, em que se mantém algum tipo de contato com os alunos e seus responsáveis, e passar para um modelo de experiência centrado e focado no que mais importa, ou seja o sucesso do estudante, e no qual todos os atores da instituição, diretor, professores, coordenadores, auxiliares de administração escolar, equipe de limpeza, atendimento etc. devem se esforçar conjuntamente em prol deste objetivo.

O Sucesso do Estudante, conceito e modelo pouco explorado nas instituições de ensino brasileiro, é multifacetado e conceituado como satisfação, persistência, alto nível de aprendizado e desenvolvimento pessoal mesmo se, ao usar este conceito, tende-se a medir o sucesso do aluno usando como base o desempenho e a conclusão acadêmica no período esperado. Uma abordagem equivocada porque trabalhar com a premissa de que sucesso é igual a alta taxa de desempenho e persistência, leva a menosprezar questões importantes como aprendizagem flexível, experiências educacionais anteriores, integração social, e o desenvolvimento real de habilidades e competências para além do componente curricular.

Neste sentido, o Sucesso do Estudante exige que o aluno conquiste o autoconhecimento do seu potencial, o que acontece quando o estudante é exposto a estímulos que facilitem sua compreensão sobre seu perfil expresso em seus interesses, talentos, valores e missão. Aprimorar a compreensão significa desenvolvimento de novas capacidades e definição de objetivos e metas que o levem a atingir sua visão de sucesso e senso de realização pessoal e profissional.

Institucionalmente o Sucesso do Estudante requer a criação de um sistema que apoie o aluno, de maneira proativa, durante toda a sua jornada estudantil para que suas expectativas de formação, envolvendo os aspectos pessoais e profissionais, sejam alcançados por meio de um processo de ensino e aprendizagem flexível e personalizado que reforce a sua identidade e gere senso de utilidade para nutrição e ampliação do seu ciclo contínuo de vida estudantil.

O sistema se baseia num modelo que considera os três principais eixos do ambiente educacional: acesso, permanência e desenvolvimento. O acesso foca na atração de possíveis alunos e sua conversão em matriculas. A permanência foca no apoio ao estudante e sua família e prevê o desenvolvimento de um relacionamento sólido e com engajamento entre instituição e aluno. Deste modo, o senso de pertencimento do estudante a instituição será construído e nutrido, para conquistar sua lealdade e consequentemente sus permanência na instituição. Enfim o desenvolvimento foca na ampliação da experiência do aluno com a instituição, oportunizando o desenvolvimento constante, gerando a recompra, ou seja, permanência na instituição. O êxito deste modelo depende não só do envolvimento dos estudantes, mas de todos os que com eles interagem, bem como da criação de estratégias alinhadas a cada macroprocesso.

O objetivo do processo de acesso é ampliar o ingresso de novos estudantes com o perfil coerente ao posicionamento e proposta de valor da instituição de ensino por meio de estratégias de atração e nutrição para convertê-lo a matriculado. Para tanto é necessário:
a. Compreender as expectativas, conflitos e desejos do aluno potencial, ou seja, descobrir o que é determinante para o sucesso do estudante e como ajudá-lo de forma efetiva;
b. Ampliar as oportunidades de acesso ao sistema educacional com financiamentos, políticas de inclusão, políticas comerciais sustentáveis e formas de ingresso;

c. Proporcionar orientação para manter alta a atenção do aluno e evitar que se frustre;
d. Promover uma aprendizagem personalizada, no tempo e no ritmo do estudante e que possa ser acessada de qualquer dispositivo;
e. Estimular capacidades e habilitardes que mais fazem sentido pata o estudante.

O objetivo do processo de permanência é apoiar o aluno para que ele permaneça na instituição durante sua jornada estudantil, por meio de uma experiência educacional significativa, e se torne um promotor da marca (lealdade do aluno). Para tanto é necessário:
a. Integrar o estudante ao novo ambiente educacional de modo a desenvolver o senso de pertencimento na comunidade institucional (pais, alunos, professores, coordenadores e colaboradores);
b. Criar e incorporar políticas e práticas de igualdade e diversidade para que todos se sintam representados;
c. Estimular o estudante a vivenciar experiências práticas e relacionadas às suas áreas de formação/interesse, como aprendizagem colaborativa, ou programas de micro certificações periódicas e setoriais;
d. Analisar o rendimento escolar dos alunos de forma contínua, identificando os pontos de fragilidade com devolutiva e plano de ação propositivo;
e. Compartilhar informações sobre o desempenho do estudante em sua jornada com as áreas de maior interação com o aluno, promovendo a ampliação da participação dos atores da instituição na resolução das suas dificuldades e conquista do sucesso do aluno, seja com apoio pedagógico, social ou emocional;
f. Acompanhar a evolução do desempenho do estudante nas suas próprias habilidades para orientá-lo rumo a fluência;

g. Atuar de modo preditivo, identificando de forma antecipada os alunos com pontos de fragilidade, intervindo de maneira contínua e personalizada para motivá-lo.

O objetivo do processo de desenvolvimento é ampliar a experiência do estudante com a instituição a fim de proporcionar um suporte significativo capaz de promover novos vínculos para uma educação continuada que gere receita recorrente em um maior espaço de tempo. Para tanto é necessário:

a. Apoiar no desenvolvimento de carreira do estudante, identificando novas capacitações e/ou formações que façam sentido para o perfil do estudante com orientação do itinerário formativo adequado para os passos seguintes;

b. Apoiar a criação do plano de carreira do estudante, a partir dos resultados de avaliações e das suas expectativas;

c. Criar e monitorar um indicador de trabalhabilidade dos estudantes a fim de orientá-lós na criação de planos de carreira com as indicações de educação continuada;

d. Promover uma cultura de coparticipação de todas áreas da instituição, motivando o compromisso institucional com o sucesso do estudante;

e. Criar um programa de incentivos que estimule o aluno a progredir para o estado de aprendizagem uma vez concluído seu percurso formativo na instituição;

f. Proporcionar um ambiente de networking com ex-alunos, alunos, professores e comunidade para aumentar a visibilidade dos estudantes e criar os vínculos de conexão com a marca da instituição de ensino;

g. Fortalecer o senso de pertencimento no estudante por meio de práticas que reconheçam o estudante como embaixador de sua marca (colação de grau, programas de benefícios, grife, apoiadores, etc.).

Os macroprocessos que compõem o sistema deverão ser os direcionadores para o desenvolvimento das estratégias e táticas de marketing da instituição de ensino que precisam ser estabelecidos sob três pilares: pessoas, processos e desenvolvimento. Para tanto, é imprescindível que a criação do sistema cuja abordagem institucional é o Sucesso do Estudante aconteça formando um elo entre a instituição de ensino, aluno e família do aluno, e sociedade de forma tal que a escola deixe de ser somente um provedor de ensino, assumindo um papel primordial como centro de promoção do desenvolvimento pessoal do estudante.

Este sistema permite de identificar e tratar problemas oriundos da transformação na sociedade, na economia, nas instituições, na cultura, decorrentes de uma sociedade organizada em conhecimento. Assume uma postura proativa na aplicação prática do conhecimento, e na ampliação dos insumos fortalecem o conhecimento acadêmico, sendo também considerado uma modelo chave para o desenvolvimento individual baseado no conhecimento.

Esta mudança requer quebrar a barreira do grande paradigma na mente de parte de mantenedores e gestores educacionais de que o aluno não é o cliente. Não considerar o aluno como cliente, faz com que cada vez mais a instituição não pense nele e, muito menos em seu sucesso. E o sucesso do aluno é o sucesso da instituição. Se o estudante não estiver satisfeito e envolvido com a instituição, e se ele não reconhecer valor no que está recebendo em troca do seu investimento (tempo e dinheiro), certamente irá procurar outra opção que lhe apresente uma proposta de valor que faça mais sentido, ou concluirá seus estudos com sentimento de frustração e não fará parte do seu programa de egressos.

Por isso é necessário que a instituição de ensino ofereça uma experiência significativa e crie uma vantagem competitiva sustentável a curto, médio e longo prazo. No entanto, é importante destacar que para a efetiva aplicação deste sistema é necessário, primeiramente a adesão da diretoria da instituição a esse novo mindset, que requer uma adequação gradativa aos processos, além de um comprometimento e envolvimento contínuo nas práticas e nas interações dos públicos que se relacionam com a instituição.

Na perspectiva do Sucesso do Estudante os principais ganhos são:
Alunos Promotores da marca: Em uma era em que é tão fácil compartilhar opiniões, alunos insatisfeitos podem prejudicar a reputação da instituição, causando prejuízos maiores que a simples perda de uma receita recorrente. O aluno que viveu uma experiência positiva e conseguiu perceber o valor do que recebeu, tem uma relação mais profunda e sólida com a instituição. E mesmo que por um momento o aluno precise interromper o contrato com a instituição, continua sendo um embaixador dela. A grande diferença entre fidelidade e lealdade nos negócios é que a lealdade significa muito mais do que a simples repetição de compra. A lealdade fortalece o senso de pertencimento, e cria clientes promotores da marca.
Mitigação da Evasão: um dos grandes desafios da gestão educacional é a de criar experiências que darão aos alunos a razão para pertencerem às instituições de ensino, e não somente a razão de as escolherem. Sem trabalhar a permanência com foco no Sucesso do Estudante, a instituição de ensino corre o risco de ficar estagnada.
Aumento de receita: Um relacionamento efetivo e bem nutrido baseado nas expectativas de desenvolvimento dos estudantes, é aquele no qual o aluno fica por mais tempo, o que significa garantir sustentabilidade para o negócio educacional.

Desenvolvimento e Adequação de produtos: Outro ganho é o consequente desenvolvimento dos produtos e serviços. O raciocínio é simples: quanto maior a proximidade com a rotina dos alunos e quando mais a instituição conhecer verdadeiramente seus públicos, maiores as chances de a instituição de ensino fazer os ajustes necessários para atendê-los de forma mais eficiente e, por consequência, ampliar o ciclo de vida estudantil do aluno.

CAPITULO II

O MARKETING NAS INSTITUIÇÕES DE ENSINO

As transformações advindas da quarta revolução industrial – que é a transição em direção a novos sistemas que foram construídos sobre a infraestrutura da revolução digital - têm confrontado a gestão de marketing em todos os segmentos, inclusive nas instituições de ensino para as quais mudar é palavra de ordem para a sobrevivência. De fato, no segmento educacional a gestão de marketing ainda é atuada de maneira passiva, ancorada em práticas que não traduzem a urgência e necessidade do enfrentamento das transformações.

No especifico aos gestores educacionais falta compreensão sobre o papel do marketing e sua relevância para a sustentabilidade do negócio, são priorizadas ações que prometem resultados imediatos, ao invés de estratégias que geram resultados consistentes, falta conhecimento do público-alvo, cuja consequência é a ausência de acompanhamento na mudança do comportamento de compra dos produtos educacionais, existe uma enorme lacuna entre as promessas feitas pelas instituições de ensino e a falha na entrega do que é prometido e enfim equívoco posicionamento da instituição.

A maioria das instituições de ensino perpetuam a percepção de que o marketing serve unicamente como apoio para as demais áreas na instituição. Ao invés de desfrutar uma correta estratégia de marketing para selecionar o mercado alvo, captar, manter e fidelizar clientes por meio da criação, entrega e comunicação de um valor superior ao cliente, estas instituições focam no atendimento da demanda comunicacional, demonstram falta de visão sistêmica, pouco entendimento do mercado local, a análise de dados é extremamente superficial e sobretudo a atuação é ancorada nas tendências e modismos e que desconsidera os princípios basilares do marketing. A consequência lógica é a geração de resultados insatisfatórios.

No âmbito educacional, o marketing envolve ações que delineiam programas da oferta - produtos educacionais - para atender as necessidades e desejos do público alvo, por meio do composto mercadológico de Produto, Preço, Promoção e Praça. O marketing educacional apresenta natureza de marketing de serviço, tendo a oferta educacional caráter intangível, e de marketing social, devido ao papel social, cultural e complexo da educação. O marketing educacional deve, para permitir a instituição de alcançar seus objetivos, compor e equilibrar as variáveis entre as quais a mesma atua, aquelas que podem ser controladas – microambiente interno–, e as variáveis ambientais não controláveis – macro ambiente externo.

Ou seja, o marketing educacional não pode mais ser entendido como comunicação ou venda, e sim como o atendimento das expectativas do cliente, pois vender e anunciar são apenas parte do composto de marketing. A ressignificação do papel do marketing educacional começa pelo entendimento e aceitação de que o marketing é um processo de gestão e envolve análise, planejamento, implementação e controle. A estratégia e táticas de marketing educacional abrange um conjunto de atividades como análise, pesquisa, planejamento, desenvolvimento de produto, formatação de preço e atendimento ao cliente.

O grave erro cometido na educação foi considerar o segmento tal qual a uma commodity, ou seja, o produto educacional tem se tornado massificado e sem diferenciação perante seus consumidores. As instituições têm focado mais esforços no cumprimento da regulação – que é extremamente importante – do que em seu maior ativo: seus alunos. Bom lembrar que uma instituição só existe, se existirem os alunos. E de igual modo, só terá sucesso, se seus alunos tiverem sucesso. E assim como em todas as áreas, a gestão do marketing deve atuar apoiando o aluno na conquista de seu sucesso. Mas para que isso ocorra é necessário ter um forte trabalho de gestão que deve ocorrer de maneira sistêmica, integrada, de modo que as atividades de comunicação, venda, relacionamento e permanência ocorram continuamente.

Para atender a atual configuração do mercado educacional, o modelo de marketing educacional é estruturado em quatro áreas de gestão: Comunicação, Comercial, Relacionamento e Permanência. Importante lembrar que a natureza deste modelo é estratégica e não operacional. Caso contrário a possibilidade de não conseguir resultados satisfatórios é elevada, bem como a falta de uma figura na instituição que trabalhe continuamente orientado ao marketing.

Na área do marketing a Gestão da Comunicação é o meio pelo qual as organizações buscam informar, persuadir e lembrar os consumidores, de maneira direta ou indireta, sobre seus produtos ou serviços. De maneira resumida, a gestão da comunicação tem por objetivo, respectivamente, a transmissão de mensagens para o público interno, e o recrutamento de potenciais clientes (alunos). A capacidade de entrega é uma das maiores lacunas na Gestão da Comunicação em instituições de ensino.

Independente da estrutura organizacional, há uma alta demanda comunicacional interna, afinal são inúmeros os departamentos, um extenso calendário acadêmico e prazos quase sempre insuficientes. Por essa razão usualmente as instituições optam em trabalhar com o modelo da agência de comunicação que atende exclusivamente a demanda da organização para atendimento da demanda interna, e terceirizam parte da comunicação externa, como as campanhas de captação, por exemplo. Mas apesar deste modelo possibilitar um excelente custo x benefício, é que quando não bem operacionalizado, o atendimento das demandas torna-se o ponto de estrangulamento na área de marketing, ou seja, o esforço para o atendimento da alta demanda comunicacional não permite ao marketing trabalhar de maneira estratégica e integrada, olhando para os outros elementos do composto de marketing. Por isso, o planejamento e organização da demanda comunicacional deve ser o primeiro ponto a ser cuidadosamente conduzido.

Já a gestão da comunicação externa deve ser trabalhada com o processo de comunicação integrada, que envolve planejamento, criação, implementação avaliação e controle dos vários elementos do mix promocional, em diversos pontos de contato com o cliente externo. A partir do posicionamento estratégico da instituição deve ser elaborado o posicionamento da marca que norteará a comunicação com o público. Dessa forma, as atividades de comunicação devem estar integradas para transmitirem ao público uma mensagem coerente com o posicionamento que sem dúvida representa a grande área cinzenta das instituições de ensino, e que desencadeia uma sucessão de equívocos na elaboração das estratégias de marketing e comunicação, a começar bem pelo posicionamento.

Sem clareza sobre o posicionamento estratégico não é possível ter clareza no posicionamento de marca, o que por consequência fará com que o esforço de comunicação seja em vão, pois é o posicionamento de marca que busca ocupar um lugar único na mente do público alvo. Sendo impossível oferecer tudo para todos, a segmentação, passo fundamental na orientação estratégica, de acordo com a missão e recursos da instituição de ensino, deve selecionar os mercados alvos e definir a oferta institucional.

Com base no posicionamento, a gestão de comunicação irá identificar o público primário e secundário, compreender profundamente seus hábitos, comportamentos, desejos, expectativas, evitando de cometer o equívoco em permanecer na obviedade de que o público de uma instituição de ensino é quem quer estudar, e viver de especulações sobre o desejo e expectativa deste público.

Por isso, é fundamental criar mecanismos para que a atividade de pesquisa faça parte da rotina na gestão de comunicação, lembrando-se que o cliente busca hoje por marcas que melhor se adaptam às suas necessidades e expectativas, e buscam a maior proposta de valor possível em troca do investimento que será realizado. Por essa razão as instituições devem consolidar o posicionamento das marcas para seus públicos e comprovar seus diferenciais competitivos.

É preciso ter em mente que a jornada de compra do público hoje não é mais um processo linear, a tomada de decisão pode acontecer em qualquer etapa da jornada, o que exige avaliação e acompanhamento recorrente das comunicações realizadas com o público para entendimento de seu comportamento. Outro ponto de atenção quanto a gestão comunicacional é que não basta ter um endereço online para estar presente, ou seja o consumidor atual exige relevância, um site web que seja fonte de informação e conhecimento, redes sociais que sejam meio para transportar o público para dentro dos muros da instituição, levando o usuário a ter uma experiência educacional digital, próxima e sobretudo humanizada. Isso significa que os relacionamentos criados nas salas de aula devem ser replicados igualmente no ambiente digital, estando sempre pronto a oferecer mais do que respostas.

A segunda área se marketing educacional é a Gestão Comercial, que expressa a capacidade da instituição de ensino em realizar previsões de venda, estratégias comerciais, políticas de venda e fechamento da venda. Após a criação de interesse (geração de matriculas), é hora da conversão de vendas. Sim venda mesmo.

A Educação, a despeito dos nobres laços que a envolvem, mesmo sendo um instrumento de promoção social, carrega consigo traços comerciais. Quando a instituição não considera a área comercial como um departamento de vendas, acaba fatalmente tendo resultados medíocres! E também neste segmento o segredo do sucesso é alocar as pessoas certas, ou seja, vendedores, para realizar o trabalho de venda.

Por isso, a instituição de ensino deve investir em sua equipe de vendas, que opere ininterruptamente ao longo do ano, especialmente monitorando o mercado através de ferramentas de inteligência competitiva que por meio da coleta e análise de dados sobre o mercado possibilita iniciar o processo de planejamento de vendas. Isso significa também que o membro da equipe de vendas deve ser mais que um simples vendedor, também orientador, cuja remuneração seja justa e coerente e adequadamente motivado para alcançar de maneira sustentável as metas de venda assinadas.

Assim como na Gestão de Comunicação, o posicionamento é um grande fator crítico de sucesso na Gestão Comercial. Muitas vezes, devido a falta de clareza do posicionamento estratégico da instituição, são elaboradas ações de captação pautadas em descontos, sem o mínimo de reflexão crítica. Na maioria das vezes o resultado é a insustentabilidade da venda, ou seja, há conversão de venda, mas não há perpetuidade dessa venda. Outro ponto que merece muita atenção reside no entendimento do papel da tecnologia e da estratégia. Geralmente, os gestores de marketing em instituições de ensino esperam que a tecnologia compense a falta de estratégia. Mas isso nunca acontece na realidade. A tecnologia só será eficaz se os processos organizacionais forem desenhados visando à experiência do aluno, e se as pessoas envolvidas apoiarem e participarem ativamente da mudança dos processos.

O marketing de relacionamento é o DNA da educação e é um processo por meio do qual instituição e aluno estabelecem relações eficazes, eficientes, agradáveis, entusiastas e éticas, isto é, pessoalmente, profissionalmente e proveitosamente recompensadoras para todos. O principal objetivo é atender o cliente da melhor forma possível, desenvolvendo e gerenciando as relações de modo a conquistar sua lealdade. Sua evolução culminou no Customer Experience, ou Experiência do Cliente – que é a soma de todas as interações que um cliente tem com uma empresa ao longo da vida do "relacionamento", especialmente ou mais importante, os sentimentos, emoções e percepções do cliente com essas interações. O conceito de Customer Experience tem sido amplamente utilizado no mundo dos negócios, e é uma abordagem de aplicação extremamente lógica para o segmento educacional.

Entretanto, não vá confundido com o Atendimento ao Cliente, que é apenas uma das interações entre cliente e empresa, enquanto o Customer Experience é soma de todas as interações entre uma empresa e o cliente. O Customer Experience baseia-se na compreensão do cliente e é proativo, pois a empresa intencionalmente constrói a experiência que deseja que seus clientes tenham, enquanto o atendimento ao cliente é reativo pois de maneira constante esforça-se para resolver problemas e necessidades dos clientes. É importante saber diferenciar os dois conceitos mesmo se o atendimento ao cliente representa um dos maiores desafios das instituições de ensino. Migrar da abordagem transacional para a abordagem omnichannel — abordagem de atendimento multicanal que preza pela experiência dos usuários – se tornou imperativo. Relevante é ser eficiente em todos os canais para oferecer uma experiência positiva e excelente por meio do atendimento, ou seja, cumprir as promessas, suprir as expectativas e satisfazer a necessidade dos clientes.

Em outras palavras precisa ter empatia, que não significa ser gentil ou ser solidário, mas a empatia é a tomada de perspectiva autoconsciente para obter um entendimento mais rico e profundo sobre o outro, o que ajuda a criar novas e melhores maneiras de pensar, ser e fazer e na pratica permite evitar de tomar uma decisão irracional. O medo de demonstrar vulnerabilidade tem criado um abismo cada vez maior entre aluno e instituição, e esta desumanizando da educação se funda no pensamento errado que a humanização não traz resultados financeiros. Bem pelo contrário, porque alguém que está emocionalmente ligado a Instituição, está muito mais propenso a se matricular, doar, referenciar ou ter alguma outra atitude positiva, o que por consequência, gera resultados financeiros.

A eficiência da Gestão do Relacionamento depende basicamente de quatro capacidades estratégicas: pessoas, processos, tecnologia e percepção. Todos as pessoas, tanto colaboradores quanto clientes, devem ser considerados no marketing de relacionamento. Nos serviços educacionais, o resultado de um relacionamento significativo depende da cooperação e engajamento de alunos e colaboradores, sobretudo os professores. De nada adiantará desenvolver estratégia para os clientes externos, se os clientes internos não forem considerados. Colaboradores devem ser capacitados para serem os percussores da excelência no atendimento. Por isso é fundamental criar o senso de pertencimento dos colaboradores.

Todos os processos da instituição devem ser voltados para o atendimento e fortalecimento dos relacionamentos com os clientes da instituição, e devem possibilitar aos clientes uma experiência positiva. É importante revisitar todos os processos da instituição, analisar os pontos de melhoria, alinhando quais seriam as soluções integradas para que o cliente tenha sua necessidade atendida com excelência.

O uso correto da tecnologia também é importante na gestão do relacionamento, pois é por meio da estratégia de relacionamento e das possibilidades ofertadas pela tecnologia que será possível gerir os dados e informações dos clientes e automatizar os processos de comunicação. A tecnologia permite alcançar resultados positivos somente se a instituição tem uma filosofia centrada no cliente e no atendimento de suas expectativas e necessidades.

Percepção é ouvir o cliente, é o que possibilitará a instituição de ensino a desenvolver uma experiência positiva ao cliente, por isso este é um fator crítico de sucesso. Representa uma grande oportunidade de conhecer o cliente e ter uma ação proativa no cumprimento dos desejos e atendimento das expectativas. Fundamental é se colocar na posição de nossos clientes — internos ou externos, primários ou secundários — lembrando que o elemento humano é a força motriz por trás do marketing de relacionamento, e isso requer tratar os outros, em todas as esferas da vida, da maneira que desejamos ser tratados.

O objetivo final da Gestão do Relacionamento é conquistar alunos leais, e não fiéis. No marketing fidelidade e lealdade são etapas gradativas no relacionamento entre cliente e empresa. A fidelidade enfatiza aspectos comportamentais e está mais relacionada com ações de curto prazo. Já a lealdade está relacionada com a intenção dos clientes de continuar fazendo negócios com uma empresa, seja por meio da recompra, seja por meio da recomendação. Este resultado pode ser alcançado por meio de uma experiência emocional consistente e positiva, que permita ao cliente de perceber o valor de seu investimento, levando-o a construir uma relação de confiança. O aluno leal tem uma relação mais profunda, sólida com a instituição. Ele viveu uma experiência tão positiva que tem um compromisso real com a instituição.

A lealdade nos negócios significa muito mais do que a simples repetição de compra, e gera mais valor para a empresa. A percepção de valor para os clientes cria lealdade e a lealdade, por sua vez, constrói crescimento, lucro e mais valor. Os consumidores de hoje, independente do segmento, estão em busca de significado, o elemento que vai garantir a lealdade à marca, que como dito vai além da repetição da compra. As instituições de ensino devem, portanto, criar experiências para dar aos alunos a razão para pertencerem, e não somente a razão de escolherem.

Enfim a última área que compõe o sistema de marketing de uma instituição de ensino é a Gestão da Permanência, que promove ações voltadas à permanência do aluno na instituição. De modo geral, a gestão educacional prioriza esforço e recursos para atrair novos alunos, olvidando os que já ingressaram. Raramente é investigado o problema da desistência, porque cada uma dela tem motivos profundos e complexos que não podem ser resumidos em motivo financeiro ou pessoais. É necessário mudar o modelo mental trabalhado nas instituições: o da retenção.

A retenção, a capacidade institucional de manter os estudantes da admissão até a conclusão do curso, é uma ação reativa, ou seja, a instituição age a partir da iniciativa do aluno em sair, e não se preocupa em entender os reais motivadores da desistência, e por isso se acredita que o maior motivador é a incapacidade de pagamento. E este modelo se preocupa e foca na capacidade institucional, e não no aluno e seu sucesso.

Diferente da Retenção, o modelo da Permanência utiliza uma abordagem proativa, e reconhece que a saída de um aluno requer tanto a compreensão das forças que influenciam sua decisão de permanecer, quando o desenvolvimento de políticas e práticas destinadas a melhorar as taxas de evasão, com base na compreensão de tais forças. Um aluno que irá evadir, na maioria das vezes dá sinais claros desta disposição: começa a faltar às aulas, passa a ter rendimento inferior, faz reclamações em algum canal da instituição, deixa de pagar a mensalidade. É verdade que parte da evasão tem motivação financeira, mas precisamos lembrar que como em qualquer serviço, há uma relação direta entre a insatisfação e a inadimplência, pois as pessoas tendem a negligenciar suas obrigações em relação ao que não gostam, ou não acham importante, ou não veem valor.

A Permanência, portanto, está relacionada com a escolha do aluno em permanecer na instituição e não ao desejo da instituição de manter o aluno, como acontece na retenção. E a decisão do aluno em permanecer na instituição passa pelas expectativas criadas pelo aluno, o suporte oferecido pela instituição, o feedback e aprendizado e o envolvimento social durante toda a jornada acadêmica.

CAPITULO III

A COMUNICAÇÃO.
UM PROCESSO DIALÓGICO E RELACIONAL

Em uma sociedade mutante, modificada pelos processos da globalização, aumento da produtividade, alta competitividade, revolução tecnológica e a ascensão do ciberespaço (fomentado pelas tecnologias da informação), a comunicação precisa ser considerada de forma estratégica. Neste contexto, é fato que as organizações passam a ser percebidas como atores sociais. Exprimindo-se cada vez mais em público, ampliando sua atuação política em relação ao coletivo, além de transformarem suas práticas de funcionamento, escala de valores e maneiras de se comunicar em corpo social. E o coletivo com quem se relacionam – seus públicos – torna-se também, mais complexo. Portanto, o papel que cabe à comunicação corporativa hoje, neste cenário, é muito mais abrangente.

As instituições de ensino, assim como demais organizações, precisam repensar os limites estabelecidos à comunicação, que deixa de ser instrumento e deve servir como base para uma gestão capaz de ajudar a instituição a enfrentar os desafios de uma sociedade que exige mais qualidade, participação e posicionamento.

Sem que a comunicação esteja profundamente enraizada em sua estrutura, uma organização não opera adequadamente e neste sentido organização e comunicação são processos indissociáveis, porque comunicar é organizar.

É essencial extinguir a verticalidade e dar lugar ao envolvimento e participação em que, tanto público externo quanto interno, contribuam para que haja acréscimos ao valor da marca. A comunicação é, portanto, o alicerce que dá forma à instituição, que a faz ser o que é. E, sendo o ato de comunicar é imprescindível saber com quem se quer e se deve comunicar e o que se quer e se deve comunicar.

Parecem questionamentos cuja resposta é óbvia, mas na realidade não é bem assim, porque a nova configuração socioeconômica do mundo pede às instituições que lidem com claras demandas de diálogo e não mais apenas com demandas de produtos e serviços.

É comum que departamentos de comunicação e marketing em instituições de ensino direcionem seus esforços para uma atuação, prioritária (e às vezes exclusivas) junto aos clientes, que afinal são os responsáveis pela compra dos serviços ofertados, o que garante a vida mercadológica e a sustentabilidade financeira das instituições. No entanto, na perspectiva aqui tratada, há necessidade de dedicar estratégias à um somatório de públicos diferenciados.

Uma instituição não sobrevive apenas de sua relação com os alunos. Como corpo social, partilha existência e representação de mundo com outros atores sociais para além de seus alunos, em uma complexa dinâmica. Envolvidos neste processo estão pais de alunos, colaboradores, fornecedores, formadores de opinião, imprensa, opinião pública, entre outros.

É necessário, portanto, perceber que cada um destes atores representa a razão de ser de uma instituição, cada um a partir de um objetivo. É dever da instituição, dialogicamente, influenciar seus muitos interlocutores para uma visão comum de existência e funcionamento, tanto quanto receber tais influências para evoluir e se fortalecer. Dessa forma, os diversos públicos passam a ter importância estratégica a fim de ajudar a instituição a competir em ambientes de constante transformação. É essencial personalizar o diálogo enquanto a comunicação corporativa exerce devidamente seu papel de mecanismo de gestão, quando cria canais relevantes, ou seja, especificamente pensados para cada público, para que haja diálogo entre todos os indivíduos que possam compartilhar ideias, atitudes e, acima de tudo, uma cultura organizacional.

No aspecto interno, da relação entre colaboradores e administradores, a criação deste espaço dialógico é prioritária. É preciso superar a verticalidade e linearidade dos processos formando ambientes que valorizem a participação, o trabalho em equipe e concedam autonomia aos envolvidos, para construir uma forte identidade e propagar uma visão comum de mundo que tende a se expandir de forma exponencial nos espaços de atuação externos da instituição. Não somente alunos, pais e responsáveis, facilmente identificados como públicos de interesse de uma instituição de ensino, demandam atenção. No espaço interno professores, funcionários dedicados à manutenção de processos e serviços, diretores e equipe administrativa são importantes interlocutores.

Quando professores se sentem incluídos e ouvidos nos processos administrativos, quando suas reivindicações ou sugestões são consideradas e expostas em um processo comunicacional, cria-se um ambiente de satisfação e identificação.

Igualmente quando colaboradores responsáveis por serviços e manutenção enxergam sua importância no processo, tem seus direitos assegurados e espaço de fala, há aumento de produtividade e quando a administração se preocupa em exercer transparência e se aproxima dos demais espaços de atuação da instituição há fortalecimento do valor corporativo entre os atores.

Uma visão integrada de propósitos e percepções construída com canais de diálogo interno adequados e acessíveis, se traduz em qualidade e, provavelmente, diálogos igualmente producentes com os públicos externos. A ausência de interação ou conexão na visão indenitária entre todas estas partes resulta em déficits que se tornam perceptíveis na principal relação com o público externo, ou seja, a relação com o cliente, alunos e responsáveis. Consequentemente, um efeito dominó é acionado. Uma má relação com o cliente vai afetar, paulatinamente, a relação com os demais atores que representam o público externo, como fornecedores, acionistas, imprensa, opinião pública.

O entendimento de que uma instituição não tem apenas um público interno e um público externo, mas sim uma pluralidade de interlocutores nesses dois ambientes, não significa transmitir uma mensagem diferente para cada, mas propagar os conteúdos estratégicos com linguagens específicas e por meio de canais adequados. Para isso acontecer é importante uma comunicação integrada, alinhada sinergicamente com a gestão e ter objetivos específicos destinados aos diferentes públicos, sem perder sua associação aos interesses administrativos. Isso significa que comunicação deve ter um ponto de identificação que liga as diversas mensagens, ou seja, a presença de um tema único para toda a organização.

Esta unidade e integração das mensagens devem começar pelos fluxos informacionais internos. Os colaboradores precisam se manter informados sobre os processos e atividades da instituição, conhecer os propósitos organizacionais como missão, visão e valores, além de terem a compreensão de suas áreas e suas atividades dentro do todo institucional. A comunicação com os públicos internos deve priorizar a clareza e a objetividade e, acima de tudo, deve ser estratégica. É necessário transmitir para cada um dos públicos internos a linguagem mais adequada, o canal, os prazos, entre outros aspectos. Ao dedicar atenção para o trânsito informacional interno, a instituição reduzirá más interpretações e fofocas.

A gestão correta da comunicação interna vai transmitir às equipes agilidade e segurança nas tomadas de decisões institucionais, além de mostrar ao colaborador que tanto em momentos positivos quanto em situações de crise, ele não é esquecido, ao contrário, está na lista de prioridades dos altos escalões. Uma comunicação interna bem administrada melhora o clima organizacional, impulsiona o estabelecimento de bons relacionamentos interpessoais, aumenta o reconhecimento do colaborador sobre sua importância para a empresa e diminui a rotatividade nas equipes.

É importante que os processos comunicacionais internos sejam desburocratizados e flexibilizada a hierarquização das informações, sendo que a comunicação pressupõe diálogo, troca, falar e ouvir, conhecer os interlocutores e estabelecer um relacionamento comunicativo. Comunicar é diferente de informar e, portanto, a comunicação com o público interno não pode se limitar a um fluxo de regras, normas e avisos. Além disso é importante escolher o canal mais adequados de comunicação tendo em vista diversos aspectos como a urgência da informação, registro de transmissão, acessibilidade, disponibilidade para consultas posteriores, entre outros. Transmitir informações incompletas, em prazos inadequados, utilizando canais inapropriados é mais nocivo do que se pode imaginar, porque um colaborador mal informado, torna-se improdutivo e desmotivado, além de retransmitir uma informação equivocada para os outros públicos de interesse.

CAPITULO IV

CAPTAÇÃO DE ALUNOS.

MODELOS E ESTRATÉGIAS

Para conquistar o sucesso na estratégia de captação de alunos, o primeiro passo é entender como funciona o processo de decisão do potencial estudante que ajuda a conhecer de forma profunda o seu perfil, porque só assim, será possível criar conexões relevantes que sejam realmente baseadas nos interesses desse público e não na instituição de ensino.

Se por um lado é importante, no plano de mídia, a escolha dos canais para divulgar o processo seletivo ou a marca do colégio, de outro e propedêutico a este, é preciso conhecer o perfil do estudante, suas dores, conflitos e expectativas. A captação de alunos deve ser entendida como uma estruturação de estratégias planejadas de marketing e vendas realizadas com o objetivo de atrair potenciais alunos e convertê-los em inscritos e matriculados. O começo do planejamento desta estratégia requer mudar o conceito de público alvo em pessoa alvo.

Ao contrário do conceito de público alvo, que é mais abrangente e que se refere a uma parcela abrangente do mercado para quem vender produtos ou serviços, a pessoa alvo é a representação fictícia do cliente ideal, de forma mais humanizada e mais personalizada. É o perfil demográfico e sócio comportamental ideal de cada comprador.

Essencialmente, trabalhar com o conceito de persona é aliar técnica com um entendimento muito mais profundo do comportamento de compra do potencial aluno, com um olhar sob o indivíduo, o que possibilitará a elaboração de ações mais focadas e personalizadas, com mais chances de acertar o tom e de converter os potenciais alunos em promotores da marca resultando em campanhas bem-sucedidas e satisfatórias.

A melhor forma de construir as pessoas alvos passa primariamente pela observação dos alunos, tanto potencial quanto aqueles que já fazem parte da base de estudantes da instituição. Cumprir esse desafio de criar e montar uma pessoa, ou várias pessoas, pode ser mais fácil quando são feitas as perguntas certas. Não se basear em suposições, mas em dados concretos, que podem ser fornecidos por ferramentas como o Google Analytics, por exemplo, dados demográficos, interesses do público sobre conteúdo, cursos e serviços.

Na observação é importante realizar o levantamento de dados, compilar as respostas e cruzar as informações para chegar em um resultado embasado em algo mais concreto. Durante as pesquisas realizadas é importante também analisar as dores e expectativas presentes nas respostas dos alunos. E depois de compilar os dados, é possível estruturar a persona. Existem diversas formas de se estruturar o resultado da construção das personas. O Mapa da Empatia é um dos frameworks mais utilizados pelos profissionais da área e também um recurso utilizado para coletar os dados da personalidade dos alunos/decisores de compra e compreendê-los mais rapidamente. Em geral, o Mapa da Empatia possui 6 perguntas: O que pensa e sente? O que escuta? O que fala e faz? O que vê? Quais são suas dores? Quais são suas necessidades?

Outro framework interessante é o Gerador de Personas desenvolvido pela Rock Content, que é gratuito e simples de usar. Depois de compilado os dados da persona, é só entrar nesse site e gerar a pessoa alvo. Mas a escolha da amostra requer um certo cuidado quanto a observação, a coleta dos dados, a análise dos dados e a compilação das respostas, o que significa adoptar um método cientifico que dá confiabilidade ao método.

Uma das técnicas que garante os melhores resultados é a Técnica do Grupo Focal, um dos instrumentos de pesquisas qualitativas mais amplamente utilizados nas ciências sociais aplicadas cuja principal vantagem é a oportunidade de observar uma grande quantidade de interação a respeito de um tema em um período de tempo limitado.

O objetivo da pesquisa não é buscar consenso, mas pluralidade de ideias. Assim, a ênfase está na interação dentro do grupo, baseada em tópicos. O primeiro passo é definir o objetivo ou problema claramente. O segundo é escolher os critérios da pesquisa, como características do grupo (homogeneidade ou heterogeneidade de seus membros) e a adequação de sua composição para os propósitos da pesquisa. Normalmente é recomendado usar no máximo 3 critérios.

O terceiro passo é identificar o facilitador que conduzirá a aplicação da pesquisa. É importante destacar a qualidade da relação estabelecida entre o pesquisador e os membros do grupo, clima de confidencialidade e facilitação da fala espontânea dos participantes. O facilitador deve ser preparado e bem organizado, que tenha clareza sobre as questões a serem propostas para discussão.

Tenha capacidade de escuta e que permita a emergência de novos temas não previstos no planejamento inicial. Melhor seja um profissional com capacidade de entender o comportamento humano, qual um psicólogo. O quarto passo é desenvolver a estrutura do roteiro de perguntas que permita a contribuição restrita do facilitador para a discussão do tema, evitando opiniões e comentários. O quinto passo é selecionar os participantes de acordo com os critérios definidos na pesquisa. Recomenda-se que as pessoas sejam estranhas entre si e obedeçam aos critérios definidos pela pesquisa. O sexto passo é aplicar a pesquisa com os participantes, escolhendo um local aprazível onde os participantes possam interagir, que as sessões sejam gravadas (e informadas) para facilitar a transcrição dos dados, a partir do roteiro de perguntas. Ter um assistente de pesquisa que ajude a elaborar notas sobre a dinâmica grupal, a transcrever as falas ou lidar com os equipamentos de registro de voz e vídeo.

O sétimo passo é analisar os dados usando a metodologia apropriada. Uma das mais utilizada é a metodologia do Discurso do Sujeito Coletivo, uma proposta de organização e tabulação de dados qualitativos de natureza verbal, obtidos de depoimentos. É uma modalidade de apresentação de resultados de pesquisas qualitativas, que tem depoimentos como matéria prima, sob a forma de um ou vários discursos-síntese, escritos na primeira pessoa do singular, expediente que visa expressar o pensamento de uma coletividade, como se esta coletividade fosse o emissor de um discurso.

Esta técnica consiste em selecionar, de cada resposta individual a uma questão, as Expressões-Chave, que são trechos mais significativos destas respostas, que são a síntese do conteúdo discursivo manifestado nas Expressões-Chave.

Com o material das Expressões-Chave das Ideias Centrais constroem-se discursos-síntese, na primeira pessoa do singular, que são os Discurso do Sujeito Coletivo, onde o pensamento de um grupo ou coletividade aparece como se fosse um discurso individual. A última parte do processo é apresentar os dados usando o mapa da empatia.

Obviamente nas instituições de ensino básico, a aplicação do método é normalmente realizada com os pais/responsáveis das crianças. Neste caso o objetivo é traçar o perfil da persona decisora e entender mais sobre o que influência o processo de escolha do colégio, as principais motivações na escolha e as principais expectativas em relação ao colégio escolhido. Claramente as perguntas serão diferentes do modelo de roteiro aplicado na educação superior, pois, pessoa decisora aqui são os pais dos alunos e não o aluno.

Os resultados da pesquisa serão assim utilizados para criação da proposta de valor da instituição e das campanhas publicitárias de cada modalidade e permitirão o reposicionamento da marca da instituição e a eventual reestruturação do setor de relacionamento (comercial, marketing e atendimento). Quando aplicado com extremo rigor, o critério da pessoa alvo permitirá um aumento nas matrículas, de autoridade no ambiente digital e maior engajamento do público interno com a marca.

O processo de captação e matrícula em uma instituição de ensino envolve várias etapas antes de ser concluído. Considerando que a escolha é feita diretamente pelos pais, quando se trata de educação básica ou influenciada por eles, quando se trata de ensino superior, isso significa que provavelmente alguns alunos matriculados mostrarão insegurança com suas escolhas e assim aumentará a possibilidade que irão ser detratores da marca da instituição.

Oferecer orientação de carreira para os potenciais alunos, desde a educação básica, pode ser uma forma simples e relevante de se destacar, colocando a própria marca nas primeiras opções de escolha. A orientação é um método que ajuda a pessoa a ter consciência de seus interesses e preferências para realizar uma escolha mais assertiva e com menos chance de evasão, ajudando o estudante a se autoconhecer e o resultado é conectar marca e estudante. Por isso é necessário adoptar o critério de pessoa alvo para mapear os alunos potenciais e escolher os conteúdos mais adequados, melhor formato e os canais que irão conectar o estudante potencial coma instituição.

A tarefa da orientação se desenvolve em várias etapas. A primeira envolve a formatação de diagnóstico, ou seja, a instituição deve elaborar conteúdos que apresentam problemáticas e respostas para os desafios comuns do estudante e da família. A produção dos conteúdos e definição das estratégias devem ser orientadas de acordo com as expectativas da pessoa alvo.

Na etapa seguinte, o potencial aluno já tem consciência total da existência de seu problema, e passa a considerar algumas soluções, mas ainda nada é definido. A instituição nesta fase deve transmitir a imagem que seu papel educativo não começa no momento em que o aluno está matriculado e sim desde a comunicação inicial que a mesma possui com a sociedade. O aprendizado começa na capacidade de o aluno entender seus problemas e como a instituição ofertará todos os meios para a resolução.

A terceira etapa é da escolha. A instituição joga um papel fundamental, porque precisa se conectar com o aluno e demonstrar que todas as problemáticas e conflitos dele serão resolvidos. É importante produzir conteúdo diferenciados, que vão além da melhor infraestrutura, corpo docente de professores, melhores notas no MEC e os laboratórios mais modernos. O conteúdo deve reportar discursos autênticos e relevantes, ou seja, com significado para o aluno, que deve se identificar com a marca da instituição. E considerando que a atividade no ambiente digital deixa rastros, é possível desfrutar abusar das estratégias de marketing digital (remarketing, ads, tag-management) para reduzir os custos com captação de alunos.

A última fase envolve a matrícula. Nesse momento é importante que a instituição consiga criar um ambiente acolhedor para o aluno: enviar um e-mail personalizado de boas-vindas com o vídeo da diretoria e/ou agendar um bate papo para criar uma conexão profunda e de real apoio antes do primeiro dia de aula. Essas podem ser ações interessantes para desenvolver um vínculo emocional com o novo aluno. Usar a empatia e ter um interesse genuíno em gerar as Boas Vindas. Tudo isso prevê a criação de uma precisa estratégia de Inbound Marketing

Ferramenta de marketing com foco no conteúdo que eleva o objetivo de oferecer informações relevantes, de publicar algo que agregue valor, tangível ou intangível, ao cliente em potencial. O Inbound funciona como um ímã, que atrai o cliente através de materiais publicados desejados pelo seu potencial aluno. Sendo assim, o Inbound Marketing se vale de oferecer materiais que satisfaçam as dúvidas que o potencial aluno traz, provocando uma abertura para um relacionamento próximo.

Os objetivos são criar um canal de comunicação aberta onde marca da instituição e aluno se engajam em discussões e iniciativas, de forma aberta e constante; fortalecimento da marca, que é passada de forma contínua nas mensagens, nos momentos mais convenientes para a instituição; maior engajamento, resultado de um relacionamento de confiança criado pela constante geração de valor sem interrupções.

As estratégias de atração precisam ser conectadas com o funil de captação de alunos. Nesta etapa, é muito importante preparar conteúdos relevantes para cada fase do funil. As experiências com os conteúdos (diversos formatos, artigos, vídeos, testes) devem deixar o potencial aluno cada vez mais informado, engajado e convencido de matricular-se na instituição de ensino. É neste momento que processo de ensino e aprendizagem entre a instituição e o aluno começa, quando ele encontra no site da instituição conteúdos que o eduquem quanto à tomada de decisão.

Os conteúdos, disponibilizados no blog, no site, e em outros canais de divulgação, são responsáveis por atrair, educar e converter visitantes até a matrícula na instituição. A velocidade de conversão em matricula depende da forma de criação de conteúdo, da qualidade, relevância do discurso e das constâncias na interação com o potencial aluno (ligações, sessões, atendimentos).

O funil de vendas é um modelo estratégico de consumo criado para representar o caminho que o cliente faz até a compra. Ou seja, a trajetória do cliente desde o momento em que uma marca ou produto atrai a atenção do consumidor até o ponto da ação ou compra. Um funil típico de captação de alunos é dividido em 2 áreas integradas, marketing e vendas, cada uma prevendo uma serie de passagem.

A união dos dois departamentos, por meio de um alinhamento de objetivos, métricas e processos, pode aumentar drasticamente a eficiência da aquisição de novos alunos. A parte de cima representa o funil de marketing e a parte de baixo o funil de vendas e a interseção entre os funis é marcada pela fase de inscrito. Na ordem decrescente do funil, as figuras que se encontram para cada área são: área de marketing: Visitante, Interessado, Interessado qualificado; área de venda: Inscrito, Avaliado, Convocado e Matriculado.

Visitantes são aquelas pessoas que acessaram o blog e/ou site institucional, mas sem interagir. Interessado é a pessoa que acessou o site e deixou suas informações, permitindo assim a instituição de interagir com ele. Interessado Qualificado é o sujeito que pediu para entrar em contato, demonstrando um interesse real na oferta da instituição e, portanto, apresenta muitas chances de passar na fase sucessiva. Como dito, essa etapa marca a transição entre o funil de marketing e o de vendas. O Inscrito é o interessado que começou o processo de cadastro, mesmo se não efetivou a matrícula. As sucessivas duas figuras, Avaliado e Convocado, se encontram nas instituições que realizam os processos de avaliação e convocação e que logicamente são propedêuticas a última, onde achamos a figura do Matriculado, a pessoa (aluno) que efetivou sua matricula.

O funil de captação de alunos permite de conhecer as taxas de conversão do começo até o fim do percurso, para cada fase, permitindo assim, quando a instituição possuir uma boa base de dados históricos, de planejar a campanha de matricula de forma mais incisiva, monitorando o desempenho da campanha em cada fase e podendo fazer correções durante o processo e aumentando as chances de sucesso.

Este trabalho de continuo aprimoramento do processo de captação é fundamental, considerando que o custo unitário de captação de novos matriculados, requer um investimento em marketing (apenas publicidade e propaganda) estimado mediamente em 750 reais. Para ter uma ideia do "peso" deste investimento, é suficiente confrontar quanto gasto com marketing de captação com o valor do ticket mensal. A instituição será, portanto, ciente da incidência deste custo e do capital a ser disponibilizado para enfrentar o processo de captação.

Como dito acima, uma ferramenta que pode ser usada com alta probabilidade de sucesso é o inbound marketing ou marketing de atração, que mesmo se parecido com o marketing de conteúdo, usa outros tipos de materiais. Tanto um quanto o outro propõe uma mudança de mindset voltado a gerar valor por meio da criação e distribuição de conteúdo e/ou materiais relevantes para ajudar as personas em suas escolhas.

Mas o inbound tem a finalidade de atrair novos estudantes potenciais ideais e fazê-los converter em inscritos e, logo, em matriculados encantados com a proposta de valor. E sobretudo o engajamento é de médio/longo prazo, diferentemente do marketing de conteúdo que tem um horizonte temporal de curto prazo. É indispensável que todos os processos para matrícula aconteçam de forma online e isso leva a instituição a saber dominar o mundo digital e ser relevantes para os potenciais estudantes.

Uma valida alternativa al modelo de funil de vendas é o Growth Hacking ou Crescimento Programado, um framework de recente concepção, cujo foco é o crescimento da empresa através de processos e experimentos.

É uma modalidade de trabalhar que é enxuta e data driven, ou seja, voltada para números e análise de dados, visando encontrar oportunidades ou resolver problemas, muitas vezes, de maneira barata e criativa. Analisar os números e métricas do negócio, entender o cenário da instituição de ensino, conhecer muito bem o consumidor (quem decide pela compra) e produtos (educação), compreender o percurso de compra, identificar os canais de aquisição de clientes, enxergar onde estão os possíveis gargalos e oportunidades, realizar testes e experimentos para encontrar alavancas de crescimento, tudo isso faz parte da rotina de trabalho do modelo do crescimento.

Principal Conceito deste modelo é o funil de Growth Hacking, cujo processo consiste numa metodologia para trabalhar na instituição através de diferentes métricas e áreas divididas em etapas, a seguir: Aquisição, Ativação, Retenção, Receita e Recomendação.

A Aquisição, primeira etapa, está relacionada diretamente ao marketing digital, como utilizar diferentes canais como google, redes sociais (tik tok, facebook, instagram, linkedin, entro outras), eventos, palestras, entre outros, com objetivo de gerar tráfego qualificado para o site, aplicativo ou blog da instituição. Atrair novos alunos é uma necessidade recorrente e fundamental nas instituições de ensino e representa o motor de crescimento do negócio.

Para uma aquisição eficiente é necessário ter uma proposta de valor clara e atraente, alinhada às necessidades que o aluno precisa resolver. Qualidade do ensino integrada às exigências do aluno, uma metodologia diferenciada, reconhecimento, autoridade no mercado (sucesso dos estudantes), professors renomados, até mesmo localização e segurança podem até compor uma proposta de valor atrativa, no entanto, precisa estar claro para quem decide estudar naquela escola, a proposta deve atender às expectativas do comprador (seja o estudante, seja os pais ou decisores).

Precisa ter muito claro e bem definido o perfil de cliente ideal, nesse caso, quem são os alunos, e cada faixa etária exige diferentes posicionamentos e comunicação personalizada, quanto mais segmentadas e direcionadas forem as campanhas, maior chance de identificação com o público e êxito na aquisição. O sucesso no processo passa pelo encaixe perfeito entre: Proposta de valor + perfil do cliente ideal + canal de aquisição adequado. É indispensável fazer muitos testes para validar as hipóteses, visto que, por melhor que seja o planejamento, só é possível ter certeza da eficácia das campanhas validando-as na prática.

A ativação consiste em transformar o tráfego do site em leads ou contatos, gerar conversões por meio de páginas de captura, formulários, etc. Além de gerar e qualificar os leads com perguntas estratégicas (baseado no perfil de cliente ideal), é preciso estimular a nutrição e automação de marketing para conduzir o potencial aluno até uma oportunidade de venda. Sempre que aparecer um contato com as características desejadas, ou seja, se sabe que se trata de um perfil qualificado para a escola, deve começar um fluxo de interação visando conduzir o aluno até a tomada de decisão e isso pode ser feito por email, telefone, whatsapp, o que for mais prático para o processo da escola e sempre mais conveniente para o aluno.

Sabendo quais são as necessidades dos alunos, o que eles buscam, fica mais fácil definir as iscas digitais que serão utilizadas para gerar o lead, ou fazer com que eles deixem o contato no site e demonstrem interesse pela escola.

Pode ser um formulário para ter acesso ao conteúdo programático da escola, uma landing page para assistir algumas aulas de forma gratuita, infográficos com dados interessantes sobre a escola ou área de ensino, até mesmo um teste de orientação de carreiras. No momento de testar iscas digitais é importante ter criatividade para conseguir conduzir o contato até a próxima etapa, avançar o lead para dar um próximo passo, até ele despertar interesse pela instituição e solicitar um contato, pois a última etapa é a venda, ou seja, a matrícula.

Também é interessante disponibilizar estudos de caso de outros alunos que foram bem-sucedidos na carreira após estudar na escola, é um importante mecanismo de prova social, pois conseguimos influenciar a decisão de compra mostrando na prática os alunos que obtiveram sucesso. Sempre captar depoimentos dos alunos por texto ou vídeo e disponibilizar esse material no site da escola e nas redes sociais, pois vai aumentar os argumentos de vendas de uma maneira genuína, passando mais credibilidade e aumentando o poder de persuasão.

A Retenção é sucesso do cliente neste modelo e umas das principais métricas é o lifetime value, ou seja, tempo que o aluno passa com a escola multiplicado pela receita mensal que ele deixa no negócio. É importante saber que reter um aluno é mais importante do que adquirir um aluno novo, pois toda aquisição tem um custo que geralmente leva meses para retornar para a instituição de ensino, portanto, o tempo que esse cliente permanece é capaz de gerar crescimento real, impactando a receita e saúde do negócio.

Para conseguir retenção é fundamental ter um bom customer experience ou experiência do aluno, agregando valor ao pro-

processo de aprendizagem, fazendo pesquisas constantes de satisfação, escutando os feedbacks e sugestões de melhorias. Alguns recursos podem ser utilizados para aumentar a retenção, por exemplo, a gamificação para engajar os alunos, de modo que ele ganhe pontos à medida que conclua atividades e consiga trocar esses pontos por brindes, prêmios, livros, descontos ou experiências exclusivas. A instituição também pode oferecer atividades e cursos extracurriculares visando surpreender os alunos, ou mostrar o quanto se preocupa com o sucesso do estudante, pode gerar encantamento e sentimento de que as experiências proporcionadas pela escola são únicas e exclusivas, portanto vale muito a pena estudar nela. Este processo é chamado de efeito "wow", que praticamente significa entregar a mais do que é esperado.

Receita também é uma métrica importante para ser analisada, e significa o quanto de dinheiro o aluno deixa durante a interação com a escola em receita mensal ou anual recorrente, ticket médio, cross selling e up selling, outros cursos adicionais e extra-curriculares que podem ser ofertados e vendidos para o aluno, complementando sua aprendizagem e experiência. Também podem existir outros mecanismos para aumentar o ticket médio da escola, como venda de uniformes, material escolar, livros, comidas saudáveis, transporte, visitas guiadas, excursões e passeios, etc. Tudo que agregue valor, proporcione comodidade e encantamento a experiência do aluno, e que de quebra, ainda pode aumentar a receita da escola, deve ser pensado e implementado.

A recomendação é a parte mais importante do funil e também a menos usada pelas empresas. É quando um aluno fica tão satisfeito que recomenda sua escola para amigos e parentes.

Esse processo conhecido como "membro traz membro", é extremamente barato para a instituição pois quem fez todo trabalho de divulgar e vender foi outro usuário/aluno apaixonado e satisfeito. Sempre a instituição deve planejar e executar estratégias e campanhas para transformar os alunos em promotores da marca, apaixonados pela instituição, que além de sentirem orgulho e carinho, vão recomendar para outros alunos, lembrando que nem sempre os usuários satisfeitos acabam recomendando de maneira orgânica e espontânea.

O modelo Growth deverá ser adaptado conforme o nível de educação. Na educação básica, o perfil de quem estuda é diferente do perfil de quem decide e paga. Imaginando que os pais do aluno são o perfil de cliente ideal, os argumentos de vendas, proposta de valor e copywriting precisam ser adaptados para eles, que para matricular os filhos na sua escola apreciam a autoridade da instituição no mercado, a qualidade do ensino, a segurança, a estrutura, a proximidade com a residência, a comodidade, a praticidade e conforto.

Os pais desejam se sentir seguros de que fizeram a escolha certa para a educação dos filhos, portanto é importante que a instituição mostre que sua escola é a melhor escolha. Geralmente, a localização da escola tem um peso grande na decisão, pois os pais procuram instituições próximas ao local onde moram, então as campanhas de aquisição podem ser segmentadas para o mesmo bairro, desta maneira as campanhas serão mais assertivas e baratas.

Quanto mais a instituição conhecer o comportamento dos pais do aluno na educação básica, maior a chance de ser assertivo e ter êxito. Se os pais possuem o comportamento de procurar uma escola no Google provavelmente eles irão ler as recomendações, página no Facebook, reviews no Google e tudo que comentam sobre a escola. Sabendo que isso influencia muito na decisão de compra, é interessante investir sempre em qualidade, marca e reputação forte, estimular os pais satisfeitos a deixarem comentários nas redes sociais. A prova social é um importante fator de decisão, considerando que uma pessoa insatisfeita consegue alcançar um número de pessoas maior do que uma pessoa satisfeita. Bom lembrar que a marca não é o que falam sobre você, marca é o que falam sobre você, quando você não está presente. Trabalhar para construir uma marca forte e gerar autoridade no mercado representa o maior ativo da instituição e barreira de entrada para outros competidores e concorrentes, pois não é simples construir autoridade rapidamente.

Na educação superior o perfil de cliente ideal geralmente é o próprio aluno, adultos que buscam capacitação de qualidade para conseguir boas oportunidades na carreira. Novamente a prova social será importante, pois é o comportamento natural do consumidor pesquisar bastante nas redes sociais antes de decidir fazer uma compra, ainda mais uma decisão de longo prazo como a escolha de um curso superior. Além dos comentários e reviews de outros alunos, o potencial cliente vai levar em conta a empregabilidade e o desenvolvimento de carreira que a instituição proporciona.

É necessário transmitir a autoridade de mercado, produzir estudos de caso de profissionais que se formaram na instituição de ensino e obtiveram êxito na carreira, gravar vídeos contando o quanto sua estrutura curricular e didática de ensino está em sinergia com o que é exigido no mercado de trabalho. Também pode ser muito interessante fazer parcerias ou business development com outras empresas que podem agregar valor a jornada de aprendizagem do aluno.

Por exemplo, oferecer uma rede de profissionais do mercado para o aluno construir networking qualificado, uma rede de empresas parceiras que divulgam suas vagas e contratam os alunos da instituição de ensino e até mesmo visitas guiadas nas empresas, cursos, palestras e workshops extracurriculares podem oferecer uma experiência rica e exclusiva para os alunos. No final é exatamente isso que o aluno quer, se desenvolver na carreira, ter acesso ao conhecimento e oportunidades, se destacar profissionalmente na área de atuação.

Quando as necessidades do aluno têm sinergia com o que a instituição oferece, temos a proposta de valor, esses diferenciais devem aparecer nos textos do site, e-mails, campanhas, posts das redes sociais e em todo processo de vendas. Conseguir atender às expectativas e necessidades dos alunos e entregar excelência no processo de formação, vai contribuir para formar, além de alunos, pessoas gratas e promotoras da instituição de ensino.

CAPITULO V

VENDAS NA EDUCAÇÃO.

VENDEDORES/CONSULTORES, CAPTAÇÃO

DE ALUNOS E INTELIGÊNCIA DE MERCADO

Frequentemente nas escolas existe um tabu de uma área de vendas que precisa ser quebrado, ou seja, a quantidade - foco de vendas - não combina com qualidade -proposta da educação. O processo de venda deve ser repensado dividindo as ações em dois eixos: processos e tecnologia, responsável por gerar quantidade, ou seja, escala; e uma equipe de consultores especializados, responsáveis pelo eixo da qualidade.

A inteligência artificial pode facilmente aprender com as repetições de padrões de perguntas e respostas e interagir com um grande número de prospects, ao mesmo tempo, conduzindo-os por uma experiência até que cheguem no nível de qualificação satisfatória para gerar uma lista priorizada ou uma lista inteligente para a área de vendas atuar.

Assim, com um conjunto de informações disponível, inicia-se a fase relacional e humanizada do processo, porque o entendimento sobre realizar sonhos, compreender emoções, desejos e expectativas é reservada ao ser humano, dotado de uma capacidade única: a de criar significados. Afinal, 100% dos clientes são pessoas, 100% dos funcionários são pessoas. Então se não se entender de pessoas, não entende de negócios.

Neste sentido as pessoas da instituição que se ocupam de vendas, não devem ser simples vendedores, mas sim consultores. Vendedores são aquelas pessoas treinadas para fechamento de venda e cumprimento de meta, enquanto os consultores são aquelas pessoas que conseguem perceber os aspectos implícitos do desejo. Os consultores atuam como um mapa para explorar um tesouro: entender a história de vida, fazer descobertas do porque o indivíduo se interessou naquela instituição, entre outros. Para isso, precisam ouvir atentamente relatos, entender afinidades, expectativas, dúvidas, usar a curiosidade como seu grande motor. E então de posse de um repertório atuarão com argumentos relevantes e eficiência para atingir suas metas.

Existem mecanismos de gestão e ambientes que limitam a criatividade e a contribuição das pessoas e que também inibem a transparência, a autonomia e a colaboração. Geralmente iniciativas de reunir talentos para formar uma equipe de alto desempenho demandarão por um perfil de liderança que estimule a criatividade, o pensamento crítico e uma certa dose de liberdade. Um time que entrega todo seu potencial e verdadeiramente entende o impacto da sua atuação na vida das pessoas é um time que sonha grande.

Para evitar desperdício de esforços e permitir que os resultados pretendidos sejam alcançados, o líder precisa ser capaz de motivar e reter uma equipe audaciosa. Para isso, precisa abrir mão do comando e do controle. O que é o estilo de gestão mais comum na gestão das instituições de ensino privada no Brasil.

As caraterísticas mais importantes do perfil dos consultores para trabalhar na área de vendas das instituições de ensino são: relacional, curiosidade, explorador, segurança e confiança, boa comunicação, participação e colaboração, persistência e otimismo. A relacional é a capacidade de estabelecer conexões o que requer uma escuta ativa, humana e eficiente.

Ser curioso significa querer aprender, ou seja, gostar de ler, analisar informações, interação, trocar experiência com os professores e vivenciar o que os alunos encontrarão na pratica. Explorar significa conhecer a fundo a história da instituição, seus diferenciais, objetivos de ensino, metodologias, quase as melhores práticas e cases de sucesso.

Confiança deriva do conhecimento e permite fluidez na troca de ideias. Por isso o consultor deve ter um grau de conexão relevante com a oferta didática da escola, per ter uma linguagem, mais aderente e mais segurança ao conduzir a conversa. A boa comunicação permite ao consultor exercer influência e comunicar suas ideias de forma objetiva, ou seja, ter um discurso convincente. Participação e colaboração permitem aprender com os outros e o aprendizado melhora com a troca de informações, argumentos e ideias. O consultor não precisa convencer mas argumentar e para tanto deve ser flexível, ter a capacidade de se adaptar, sobrepor obstáculos e atender as expectativas com transparência e atitude positiva.

A equipe de consultores deverá trabalhar tendo em vista três aspectos: produto, conteúdo e objeções. Quanto ao produto é importante alocar os consultores em programas que eles identificam ter afinidade e que despertam curiosidade e vontade de aprender. O interesse pelo produto a ser comercializado gera aderência e credibilidade no discurso e sem dúvida é um dos gatilhos para o engajamento e o comprometimento de todos no sucesso das vendas.

A construção dos argumentos em parceria com a área acadêmica e a área de comunicação (marketing) através de entrevistas e bate-papos fortalece o trabalho de consultores, tornando o fechamento da venda quase que um processo natural. O que os alunos potenciais mais apreciam é a segurança transmitida pelo consultor. A equipe deve conseguir mapear e fazer um exercício coletivo para articular argumentos que mitiguem as objeções. Para tanto e dar mais confiança e trazer credibilidade ao discurso, a equipe deveria trocar ideias com os docentes, para melhorar a oferta continuamente.

O conceito de ter consultores ao invés de vendedores, está centrado na direção de servir mais, ou seja, pensar em fazer mais pelo cliente, superando suas expectativas iniciais e entregando uma experiência memorável. O consultor escuta mais do que fala, oferece mais apoio e estímulo do que soluções prontas e, acima de tudo quer servir ao propósito do aluno.

Um dos pontos mais importantes da venda, algo que vai fazer a diferença entre conseguir conduzir todo o processo de maneira correta e profícua é a etapa de conexão com o potencial aluno. Uma etapa onde o vendedor/consultor vai se conectar com quem quer comprar. E durante esse processo, é a primeira impressão que fica. Sempre.

Então, quando se consegue conectar-se com o potencial aluno de maneira a minimizar essa desconfiança, de trazer essa segurança para perto, a relação e a reação melhoram. Para executar o processo dessa forma, há uma técnica muito interessante, que é muito conhecida quando se fala de persuasão. O nome dessa técnica é a "rapport".

Rapport ou sintonia, conceito originário da psicologia, designa a técnica que cria uma ligação de empatia entre duas pessoas para que elas se comuniquem, para que elas conversem com menos resistência. Nesse sentido, rapport nada mais é que empatia, é se colocar no lugar do outro. Conseguir se aproximar de forma rápida depende do uso de determinadas estratégias que na verdade são voltadas para um conceito da neurolinguística e que muitas vezes recorre a técnicas corporais. Trazendo isso para o processo comercial de ligações, essa técnica objetiva fazer o vendedor se aproximar mais rápido da pessoa e estabelecer essa relação de confiança.

E é essa relação de confiança que vai proporcionar conduzir uma boa experiência. Assim, sabe-se que, quando formos entrar em contato com um potencial aluno para oferecer um curso, ainda que ele em algum momento tenha manifestado interesse, é absolutamente previsível que seja demonstrada uma resistência. Os vendedores conhecem por experiência própria como isso funciona, e agora podem compreender a razão das pessoas ligarem esse "filtro" quando abordadas em ligações telefônicas.

Uma técnica para conseguir chegar a esse resultado é aquela de pesquisar, rastrear, chafurdar a rede social da pessoa com quem se vai abordar. Há sistemas robotizados e digitais para ajudar nessa tarefa, mas a pesquisa simples também traz resultados úteis. Então se o vendedor vai ligar para alguém, é recomendável que ele pesquise nas redes sociais mais óbvias em busca de informações genéricas que ajudem nessa tarefa. Essas informações são extremamente variáveis, e podem ir desde a existência de um trabalho específico ou seu local de trabalho, se a pessoa tem filhos, a sua idade aproximada ou se possui algum hobby.

É preciso ter sempre em mente que o objetivo é usar essa informação, de forma indireta, logo nos primeiros segundos de ligação. Isso fará com que a pessoa entenda que há conexão entre os interlocutores e que o vendedor sabe com quem está falando. Evidentemente, este exercício não prescinde de outros elementos básicos da empatia: sempre chamar a pessoa pelo nome correto; falar sorrindo como forma do ouvinte perceber o sorriso na voz.

É preciso ter paciência e insistir muitas vezes nas ligações. Ressalta-se que o uso de estratégias não impede que haja uma rejeição, mas é importante que se tenha a informação que foi pesquisada para usar nos primeiros segundos. Em resumo, os passos para quem vai buscar esse contato com a técnica de rapport são: pesquisar informações que possam ser usadas como gancho de empatia, sorrir ao se comunicar, ter paciência com o processo e tentar usar o rapport nos primeiros segundos de contato.

Outro aliado que surge como uma resposta natural aos desafios do mercado da educação privada, é o uso da inteligência de mercado como diferencial competitivo para a sobrevivência, a sustentabilidade e a expansão dos empreendimentos existentes e daqueles que ainda surgirão. Diante do dinamismo do setor, crenças outrora sólidas precisam ser desconstruídas e substituídas por informações precisas oriundas de inteligência de mercado. Afinal, o espaço para erros está cada vez mais reduzido, de modo que as instituições que conseguirem perceber melhor as suas oportunidades, terão os resultados desejados.

A inteligência de mercado surge como elemento integrador de uma série de diferenciais competitivos necessários para o sucesso das instituições educacionais e orteador das principais tomadas de decisão da gestão das instituições, sempre voltado para o aumento da lucratividade e da perenidade do negócio. A explicação para tamanha relevância é que o mercado está saturado do chamado "mais do mesmo". Grandes grupos lançam modelos visuais, propostas comerciais, apelos promocionais e o mercado (quase instintivamente) se defende com as mesmas armas. Ao final, as pequenas que copiam tais modelos quase sempre sucumbem diante da colossal diferença de poder de compra do concorrente que originou as ações.

As instituições locais, portanto, precisam buscar seus diferenciais por meio de itens de inteligência de mercado, tais como: o profundo conhecimento das dinâmicas do seu mercado local, das oportunidades que se abrem a partir deste norte, de uma experiência ímpar e capaz de tangibilizar a entrega dos anseios dos estudantes, da agilidade na tomada de decisões e na implantação de mudanças de rumos necessárias, do reforço da sua relevância social local e das inúmeras parcerias com os setores público e produtivo locais com fins de aproximação junto ao mercado de trabalho real e à empregabilidade, por exemplo.

A inteligência de mercado é o meio que fará a coleta de dados localmente relevantes, transformará estes números "aleatórios" em informações estratégicas para a gestão da instituição e subsidiará as tomadas de decisão em direção às vantagens competitivas supracitadas.

Quando o contexto é um município pequeno, a questão da publicitação das campanhas de captação não é um óbice dos mais complicados de serem vencidos, pois, além de ser mais fácil se comunicar para públicos menores, geralmente existem poucas opções de concorrência presencial disponíveis.

Em todos os casos, existem caminhos que a inteligência de mercado pode ajudar a encontrar e a explorar de forma mais rápida e eficiente, sempre com foco nos três pilares fundamentais (produto, experiência e preço).

Quanto ao pilar produto, é preciso que os setores acadêmico, financeiro, jurídico e regulatório se unam em torno da construção de modelos de matrizes curriculares capazes de promover a maior lucratividade possível a partir da captação de poucos alunos por turma (histórico). Além disso, estas novas matrizes deverão refletir de modo claramente perceptível (e reforçar) o posicionamento de mercado da Instituição.

A formação desta equipe multidisciplinar se faz necessária para que sejam analisadas questões relativas a controle de custos, obrigações trabalhistas, obediência às diretrizes do MEC e respeito à formação de qualidade de egressos, por exemplo, de maneira integrada e ágil.

Após a conclusão deste trabalho, a equipe comercial precisará se juntar a este grupo para trazer informações acerca de potenciais melhorias do portfólio de cursos da escola tendo como referência, informações de inteligência sobre o mercado local. Ainda, a equipe comercial precisará apresentar uma descrição completa das melhores alternativas de mercado para o subsídio comercial das mensalidades de modo a viabilizar a captação segundo estratégias de elasticidade de preços de mensalidades. Outras questões que a inteligência de mercado pode trazer para auxiliar as instituições que se encontram neste contexto são segmentação e georreferenciamento de alunos, identidade e contribuição social, qualidade, relacionamento.

A primeira questão é ligada as modalidades de propaganda, quais espalhar outdoor aleatoriamente ou fazer propagandas online com base meramente em idade, por exemplo, apenas para divulgar o que a cidade toda já sabe, não são mais estratégias aceitáveis.

Saber exatamente quem são e onde estão os seus potenciais alunos é fundamental para gastar menos e captar mais, a partir de campanhas direcionadas a comunicar o que cada público tem interesse em saber, nos locais e momentos em que estão disponíveis para isso. Por exemplo, para que ofertar desconto para quem nunca procurou saber sobre o assunto? Ou por que falar de qualidade ininterruptamente para um aluno que não se cansa de pesquisar sua página de descontos?

Quanto à segunda a instituição deve ressaltar sua identidade local e sua contribuição social. Nenhum concorrente tem tanta capilaridade e capacidade de influenciar positivamente a comunidade local quanto uma escola do próprio município. Externar esta questão enquanto estratégia de reforço de marca é vital para que a instituição possa ter um ponto a mais no momento de decisão de matrícula do estudante. Fazer com que as pessoas tomem consciência de que o investimento delas em mensalidades retorna em benefícios para a comunidade local é importante.

A qualidade é indispensável, não é escolhas. A instituição local precisa reforçar como trabalha com eficiência esta prerrogativa. Se, no processo decisório, o aluno tiver parcelas de mensalidades equivalentes (pilar preço) e a certeza de que a qualidade é maior, a matriz é moderna e flexível e as benfeitorias para a sua cidade são realizadas, a escolha pela instituição local passa a ser mais provável.

Enfim o relacionamento é a cereja deste bolo, outra característica indispensável para o sucesso da captação e da permanência de alunos para este perfil de instituição, que é a capacidade de entregar uma experiência de relacionamento com eles em nível de excelência. Para tal, a instituição precisa rever seus processos para desburocratiza-los ao máximo (mantendo a segurança jurídica e regulatória), automatizar o atendimento de primeiro nível (no mínimo), estabelecer as réguas de relacionamento e controle preditivo de evasão e do nível de satisfação do estudante, realizar treinamento constante e exaustivo para equipe de atendimento, gerar proximidade empática dos coordenadores e diretores com alunos e, principalmente, conhecer seu aluno pelo nome e histórico.

Estas questões aumentam a percepção de pertencimento e bem-estar no local, ao mesmo tempo em que é uma conhecida deficiência no setor, de uma forma geral.

Quando o contexto é caraterizado para muitos players e, portanto, para uma concorrência acirrada, os principais desafios são relacionados aos seguintes aspectos:
a) Confiar excessivamente na "qualidade" como característica promotora natural de captação de alunos, relativizando a importância de possuir uma equipe comercial competente, ferramentas de automação eficientes e boas práticas em marketing digital;
b) Demorar a perceber que, mesmo tendo uma posição de qualidade, a elasticidade de preços das mensalidades influencia a decisão dos potenciais alunos. Assim, permitiram que suas mensalidades ficassem "esticadas" demais e/ou dificultaram o acesso dos estudantes aos mecanismos de subsídios de mensalidades, como o parcelamento estudantil;
c) Permitir que sua oferta didática envelhecer;

d) Sua "qualidade" está mais na percepção da diretoria do que da sociedade, que comenta que a instituição atende mal aos alunos, é desorganizada, excessivamente burocrática, ou mesmo que é autoritária e distante dos interesses dos alunos.

Em todos os casos supracitados, resta claro que a chamada qualidade na qual a instituição se apoia apresenta fragilidades. A inteligência de mercado não apenas apontará onde estão as inconsistências da instituição, mas também descreverá os caminhos mais curtos para as suas respectivas soluções. Por exemplo, muitas destas instituições pecam na divulgação da sua importância local para a sociedade e em externar suas ações positivas que reforçam, de maneira contínua e perene, a credibilidade da marca. Porém, campanha comercial travestida de institucional desperta desconfiança sobre os reais motivos (e veracidade) daquela mensagem. Momento e meio errados para fazer o que é certo.

Quando se fala de elasticidade de preços de mensalidades não se está fazendo uma apologia à redução de mensalidades via mera renúncia de receita ou de participação da instituição em guerra de preços insustentáveis. Pelo contrário! Primeiro, é importante que a escola realize um amplo estudo de otimização de custos para que melhore suas margens operacionais sem prejuízo da qualidade acadêmica. Após, é importante que a Instituição encontre meios de utilizar parte destes ganhos de margem para subsidiar maneiras de redução de parcelas das mensalidades como, por exemplo, via parcelamento estudantil.

Os programas de parcelamentos próprios, a depender do porte e da capacidade da Instituição em investir no seu funcionamento, estes podem se tornar uma grande ilusão.

Primeiro, porque a instituição não tem como atividade fim ter experiência em realizar "credit score" de interessados pelo programa e, na maioria das vezes, esta análise está subordinada ao setor comercial (cujo interesse é captar alunos e, portanto, tem conflito de interesse óbvio), ou ao setor financeiro (que não gosta do produto e, consequentemente, não o prioriza).

Segundo, porque a instituição também não é especialista em cobranças das mensalidades. Como consequência, em muitos casos, o índice de inadimplência dos estudantes é excessivamente elevado, como diversos estudos demonstram que as escolas pequenas sofrem quase o dobro do que as grandes com inadimplência e, consequentemente, com evasão. Muito dessa diferença reside, justamente na menor capacidade de realizar a cobrança das parcelas das mensalidades. Se este for o caso de uma instituição que esteja considerando criar seu programa próprio de parcelamento, esta deveria considerar contratar uma empresa especializada para gerir esta operação e focar sua atenção nos outros pontos sensíveis e mais pertinentes à atividade educacional.

CAPITULO VI

A GESTÃO DA PERMANÊNCIA

No mercado muitas instituições de ensino focam seu marketing quase que exclusivamente na captação de alunos, em detrimento ao cuidado com os que já ingressaram o que representa um grave erro particularmente se observamos o fenômeno do ponto de vista da sustentabilidade econômica. A temática da retenção é muito importante e os profissionais de educação, independentemente de seu cargo ou função, tem a responsabilidade de apoiar o aluno para que ele tenha sucesso ao longo de toda sua carreira escolar, e entender que este apoio deve ser incorporado nas práticas das instituições. Isso pode ser feito somente se vem mudado o modelo mental que é usualmente trabalhado na gestão educacional.

O trabalho de retenção normalmente utiliza uma abordagem reativa, com ações realizadas a partir da iniciativa do aluno em sair da instituição, o que não é eficiente do ponto de vista da gestão, porquanto a abordagem reativa não se preocupa em entender os reais motivadores da evasão, o que muitas vezes leva os gestores a acreditarem que o fator econômico é o único motivador do abandono dos estudos, quando na realidade outros fatores, além dos econômicos, podem ser determinantes para tais ocorrências. Essa visão tradicional leva o esforço realizado em prol da redução da evasão à produção de resultados insuficientes.

Por isso se deve pensar em permanência do aluno cujo desejo é permanecer estudando, rumo ao alcance de seu sucesso, o que envolve muito mais do que criar um conjunto de ações com o objetivo de evitar a evasão. Envolve apoiar o estudante para que ele permaneça na instituição, proporcionando meios para que seu sucesso seja alcançado. E vai além. Envolve desenvolver neste estudante o senso de pertencimento e um engajamento com a instituição para que, mesmo que por motivo infortúnio a evasão seja a única solução para o seu caso, ele seja um aluno leal e um embaixador da marca.

As perspectivas listadas abaixo categorizam os diversos os modelos teóricos, elaborados a partir dos anos 90 do século passado, para analisar a retenção e o fenômeno da evasão:
a) Psicológico, foca nos atributos da personalidade do aluno;
b) Sociológico, concentra-se nas forças sociais externas à instituição educacional, como etnia, status e oportunidade educacionais;
c) Econômico, concentra-se nas questões financeiras que afetam a retenção do aluno;
d) Organizacional, evidencia o impacto de fatores organizacionais da instituição, como estrutura, processos, porte e proporção de estudantes;
e) Interacional e integrativo, compreendem múltiplas perspectivas, ou seja, sociológicas, econômicas, organizacionais e psicológicas.

Um dos modelos mais utilizados, é o proposto por Vicent Tinto que realça a importância do compromisso acadêmico e institucional dos estudantes, tentando explicar como o contato entre estudantes e instituições afetam o comportamento de permanência, delineando as influências e motivadores que resultam em evasão.

De maneira sucinta, o modelo proposto por Tinto é dividido em 4 dimensões: atributos de pré-entrada, comprometimentos com as metas, integração e comprometimento subsequente.

A primeira influência sofrida pelo estudante vem de antes da sua efetiva entrada na instituição, por meio dos atributos de pré-entrada, como: atributos e habilidades, corresponde a variáveis demográficas do indivíduo, bem como aos aspectos educacionais do estudante, escolaridade anterior, todas as experiências acadêmicas precedentes e aos antecedentes familiares/amigos, aspectos como o nível socioeconômico e cultural da família, assim como os valores que esta sustenta. O passo seguinte é constituído pelas metas traçadas pelo próprio aluno.

O nível de comprometimento do aluno e sua intenção de ter sucesso (terminar o ciclo de estudos), tem influência na futura decisão de permanecer na instituição. O aluno que entra no ensino superior com baixas expectativas quanto à conclusão, por exemplo, tem uma propensão grande de abandonar os estudos.

O próximo elemento, a integração, ocorre em duas dimensões, acadêmica e social. A primeira consiste em elementos estruturais e normativos: o estrutural representa o vínculo existente entre o estudante e a disponibilidade de estrutura da instituição, enquanto a normativa relaciona-se com o corpo de profissionais da escola que está ligado ao aluno, de modo direto, como por exemplo o corpo docente. A integração acadêmica influencia o rendimento do aluno e seu desenvolvimento intelectual. O aluno bem integrado academicamente se compromete mais com as metas criadas por ele e tem, portanto, maiores chances de permanecer na escola.

A social consiste no desenvolvimento e a frequência das interações positivas com grupos de estudantes da instituição e com os professores, bem como a participação em atividades extracurriculares dentro da instituição. As instituições devem atentar-se para oferecerem oportunidades reais de interação social e acadêmica durante todo a jornada do aluno, sobretudo nos primeiros anos, onde a adaptação ao ensino, especialmente o superior é mais complexa.

Enfim a última dimensão, influenciada pela dimensão integração, que representa o posterior comprometimento do aluno com a instituição e com a intenção de alcançar o objetivo de conclusão dos estudos. As forças externas, como elementos de trabalho profissional, financeiros e outros públicos externos, podem apoiar ou influenciar negativamente os objetivos e compromissos do aluno e apesar da instituição não ter controle sob as forças externas, ao identifica-las previamente é possível elaborar ações para minimizar o impacto.

Este modelo permite analisar a temática da evasão em uma perspectiva mais abrangente, coletando e analisando informações que servirão para a Gestão da Permanência, que utiliza uma abordagem integrativa e considera que a decisão de permanecer na instituição de ensino passa pelas expectativas criadas pelo aluno, o suporte oferecido pela instituição, feedback e aprendizagem, e envolvimento social durante toda sua jornada de estudo.

Aumentar as taxas de permanência e auxiliar os alunos a obterem o sucesso é fundamental para todas as instituições, particularmente de ensino superior, porém, também é necessário garantir que os alunos alcancem todo o próprio potencial e tenham uma experiência positiva e recompensadora. E isso só será possível se se houver um forte trabalho da gestão, que olhará para a permanência de maneira sistêmica e a logo prazo, envolvendo toda a instituição e comunidade acadêmica, ajudando o aluno a escolher permanecer na busca de suas metas, oferecendo meios para ele conclua o seu ciclo de estudos e obtenha o sucesso desejado.

A Gestão da Permanência, que apresenta três pilares, experiência do aluno, suporte educativo e atuação preditiva, independente da oferta de ensino, precisa ser trabalhada nas instituições de maneira coordenada e sistêmica, fazendo parte da estratégia de negócio da escola, pois nenhum programa ou conjunto de estratégias desconectadas produzirá mudanças significativas.

A Experiência do Aluno significa oferecer a melhor experiência educacional possível durante a jornada de estudo para evitar a evasão e tem por objetivo a promoção de uma experiência longitudinal com o alunado, criando e desenvolvendo o senso de pertencimento. Abrange os aspectos de desenvolvimento educacional e intelectual, integração social, crescimento e saúde emocional, por isso, o foco deste pilar repousa em conhecer o aluno.

Após a captação do aluno, é importante que a experiência continue sendo positiva e isso significa que a instituição se atente para atender ou até superar as expectativas criadas pelos alunos, ofereça o apoio necessário para a integração social e educativa. As expectativas criadas antes da efetiva entrada na instituição servem como uma lente por onde os alunos enxergam seu futuro.

Se as experiências após a entrada na escola forem muito diferentes das expectativas criadas, a chance de o aluno abandonar a instituição é grande. Por isso é primordial que logo no início do funil de venda, a instituição de ensino ajude o aluno a formar expectativas consistentes com as experiências que ele terá após sua entrada. Para tanto, é necessário em primeiro lugar entender o perfil do aluno que se quer, coletar informações mercadológicas, informações sobre a escola, realizar pesquisas de satisfação com o prospect e alunos.

O suporte educativo é um preditor do sucesso do aluno, por isso, apoiar educativamente os alunos, dentro e fora da sala de aula, é essencial para aumentar as taxas de permanência e sucesso do aluno. O aprendizado é uma condição para permanência: quanto mais os alunos aprendem e quanto mais valor eles encontram em seu aprendizado, maior a probabilidade de permanecerem.

Porém, muitas instituições de ensino esquecem que o propósito da educação, especialmente a superior não é meramente que os estudantes sejam retidos, mas que aprendam efetivamente. As expectativas dos alunos devem ser superadas começando na sala de aula. Apoiar os alunos e proporcionar meios para que eles desenvolvam habilidades de estudo e estratégias de aprendizagem eficazes, como serviço de tutoria e mentoria educativa, é essencial. Este suporte deve envolver tanto professores quanto alunos, ou seja, é importante envolver os alunos com outros alunos, professores e funcionários, dando atenção especial às atividades voltadas ao aprendizado. Os alunos que estão ativamente envolvidos com colegas, professores e funcionários - especialmente em atividades de aprendizado - têm maior probabilidade de aprender, permanecer na escola e terminar seu ciclo de estudos.

Muitas dessas iniciativas de suporte exigem dos professores uma gama de habilidades pedagógicas que normalmente estão ausentes de seu repertório de ensino. Por isso, o foco deste pilar repousa na área acadêmica e na atenção ao corpo docente, sendo uma das principais ações que as instituições podem adotar para melhorar a retenção do alunado é investir no desenvolvimento efetivo de professores e colaboradores da instituição.

O endomarketing, área do marketing que tem por objetivo fortalecer as relações internas de uma organização, promovendo a motivação dos colaboradores, de modo consistente, transparente - deve ser trabalhado continuamente pelas instituições. Assim como nos alunos, o senso de pertencimento precisa ser criado nos professores, e demais colaboradores e a maneira mais simples de criar esse senso, decorre da forma como a comunicação ocorre na escola.

É necessário que as instituições escutem seus docentes, os incluindo nos processos de tomada de decisão, comunicando resultados das ações realizadas, e oferecendo oportunidade para capacitação e desenvolvimento. Enquanto a visão tradicional da retenção trabalha de maneira reativa, a gestão da permanência tem atuação preditiva, trabalhando com a intervenção focada, antecipada, intensiva, contínua e personalizada para evitar a evasão, por isso o foco deste pilar repousa na tecnologia, big data e visão analítica.

A utilização de uma ferramenta de análise preditiva - softwares que utilizam modelos estatísticos e inteligência artificial para identificar, prever e promover mudanças no comportamento do estudante - auxiliará os gestores a atuar antes da saída dos alunos.

Com os insights gerados pela ferramenta, os gestores poderão fazer melhorias em seus processos, comunicações e proporcionar uma experiência personalizada ao aluno. Além disso, alguns insights são úteis à área educativa para a melhoria no processo de aprendizagem do aluno. É importante ressaltar que apenas ter os dados não vai fazer com que a instituição diminua as taxas de evasão, por isso é indispensável ter uma equipe com visão sistêmica e analítica, fazendo uso estratégico das informações obtidas.

A atuação preditiva deve trabalhar com a identificação precoce, antes e depois da matrícula do aluno, e com a intervenção antecipada, intensiva e contínua. Existem diversas opções de ferramenta de análise preditiva, entretanto, ao escolher a melhor opção é essencial levar em consideração a integração dos dados com os sistemas da escola, a integração com CRM, segurança da informação e possibilidades de personalização dos dashboards gerenciais. Cada instituição deverá construir um modelo preditivo de acordo com suas características culturais e demográficas. Após a definição dos fatores de entrada, cria-se a variável alvo de saída, como por exemplo, probabilidade de evasão. Neste processo, é primordial que o trabalho seja feito com o envolvimento e representatividade de diversas áreas, como professores, coordenadores, mantenedores, colaboradores da área de atendimento ao aluno, secretaria etc.

Implementar a Gestão da Permanência em uma instituição de ensino, trará resultados satisfatórios somente com o comprometimento da alta gestão. De facto não se trata de criar uma área, mas sim de estabelecer a mitigação da evasão como um objetivo estratégico, criando uma nova cultura na instituição, adequar processos, desenvolver pessoas, reter talentos, investir em tecnologia.

Quanto à adequação de processo, particularmente o plano pedagógico, ocorre pensar em priorizar o desenvolvimento das habilidades e competências relacionadas ao comportamento humano. No âmbito educacional, relaciona-se a palavra competência à aptidão do indivíduo para executar as atividades propostas de forma exitosa.

O que corrobora com o conceito de Perrenoud, o qual afirma que competência é a "capacidade de agir eficazmente em um determinado tipo de situação, apoiada em conhecimentos, mas sem limitar-se a eles". Ou ainda, a forma eficaz de enfrentar situações análogas, de modo a articular a consciência e os recursos cognitivos com saberes, capacidades, atitudes, informações e valores, tudo isso de maneira rápida, criativa e conexa.

Sob a ótica de desenvolvimento de competências, o aprendizado é evidenciado quando os alunos demonstram o domínio de um agir competente, que pressupõe a manipulação de conceitos cognitivos, sua aplicação em situações reais, conjugados a fatores comportamentais que evidenciem um agir sobre o mundo coerente com o que se espera de um cidadão ou de um profissional. Essa mudança de perspectiva exige um redesenho do sistema educacional em torno do aprendizado real dos alunos, preparando cada um com mais eficiência e qualidade, tornando-os aptos para contribuir com uma economia conectada e competitiva.

A educação baseada em competências requer uma grandemudança na cultura, estrutura e pedagogia da escola, precisa garantir que todos os alunos tenham sucesso em seu desenvolvimento educativo e profissional, e somente será possível se as instituições estiverem dispostas a resolver as deficiências fundamentais do modelo tradicional.

As escolas devem recorrer à educação baseada em competências por diferentes razões: ajudar os alunos a realmente aprender com mais qualidade e eficiência, alcançar maior equidade, promover um aprendizado mais profundo, além de criar um sistema de melhoria contínua. Este modelo de educação permite ajudar todos os alunos a alcançar a preparação para a carreira e um aprendizado muito mais personalizado, de acordo com as suas realidades específicas.

Para isso, também é necessária uma avaliação diferenciada. Antes de ser uma nota (somativa), ela precisa cumprir sua função diagnóstica e, sobretudo, formativa. Deve ser tanto coletiva quanto individualizada, permitindo identificar as competências e habilidades desenvolvidas por cada aluno.

O desenvolvimento de competências nos currículos é feito com práticas educativas que usam como referência conhecimentos, habilidades, atitudes e valores nas situações de aprendizagem propostas para determinadas situações. Esses recursos devem ser mobilizados e articulados para o desenvolvimento das competências dos alunos. Há três definições para competência relacionadas à educação: Qualidade de quem é capaz de apreciar e resolver certo assunto; Fazer determinada coisa; Capacidade, Habilidade, Aptidão, Idoneidade. Portanto, Competência é uma qualidade de apreciar e resolver um problema, envolvendo a sua capacidade, habilidade, aptidão e idoneidade. Indivíduos competentes, dentro das mais variadas atividades profissionais, tendem a ser bem-sucedidos.

Na sociedade atual, as competências são essenciais para que o indivíduo tenha sucesso em sua vida social e em sua carreira. A forma de conduzir suas relações, responsabilidades e profissão é determinada por sua capacidade de a cada dia conviver e resolver as situações cotidianas, cujos resultados são totalmente dependentes da forma com que os seus problemas são solucionados. Resumidamente, podemos dizer que as competências no contexto educacional dizem respeito à capacidade do aluno de mobilizar recursos visando abordar e resolver uma situação complexa.

Podemos entender a habilidade como um dos domínios da competência, do ponto de vista da aplicação prática em uma determinada situação, resumindo, é o aluno saber fazer. As habilidades básicas necessárias para resolver uma situação complexa são compreender a situação complexa, planejar a abordagem e solução, executar o planejamento, analisar criticamente a solução encontrada.

Portanto, podemos entender que uma educação baseada em competências é um sistema vivo, em que os alunos são capacitados diariamente a tomar decisões importantes sobre suas experiências de aprendizado, a entender como irão criar e aplicar o seu conhecimento e como demonstrarão o que de fato aprenderam. A avaliação, parte muito importante desse processo, deve também ser uma experiência de aprendizado significativa, positiva e fortalecedora para os alunos, e que produz evidências oportunas, relevantes e aplicáveis.

O envolvimento dos professores neste novo modelo de desenvolvimento de competências é importante enquanto corresponsáveis por materializarem parte da promessa institucional da escola. Os professores estão na ponta, ou seja, em contato direto e frequente com os estudantes e isso aumenta suas responsabilidades como agentes promotores de uma boa experiência educativa, mas também como multiplicadores dos valores e propósito de uma escola, sem, contudo, afetar a qualidade do ensino e dos instrumentos de avaliação da aprendizagem e mais além ser parte ativa para contribuir com a gestão de marketing, através a criação de um ambiente de conexão com os estudantes para além da sala de aula.

A dinâmica dos games para construir atividades pode ser um caminho interessante para gerar engajamento dos estudantes, assim como o uso de desafios reais das empresas para construção de projetos e a criação de roteiros de entrevistas usando o ambiente das mídias sociais podem ser excelentes estratégias de engajamento dos estudantes com a formação. Podem ser remixados conteúdos digitais para que as aulas sejam mais dinâmicas e, até mesmo, viajar no mundo através de interfaces virtuais. Usar a internet, as redes sociais e outros formatos digitais para expandir a sala de aula tradicional, quebra os paradigmas das quatro paredes e pode criar também uma extensão do processo ensino-aprendizagem. Usar a tecnologia para dar mais espaço para o protagonismo dos estudantes é um caminho para ressignificação do processo educacional.

O papel do professor passa de transmissor de conhecimento para o professor facilitador, mediador e mentor. Estimular liderança, autonomia, autoconfiança, dentre outras competências socioemocionais, passa a ser o novo papel do professor, que deixa os estudantes mais livres nas práticas e atua como mediador das experiências, muito além de ser um simples transmissor de conteúdo. Ele é um influenciador, mentor e referência de vida para os seus alunos, podendo atuar de forma estratégica no negócio educacional, promovendo uma experiência diferenciada para os estudantes que podem, inclusive, atuar como embaixadores da marca daquela instituição de ensino.

CAPITOLO VII

REPLANIFICAR E MELHORAR O MARKETING.

METODOLOGIA DE TRABALHO.

A Replanificação e Melhorias, através da qual se buscará aperfeiçoar as ações e estratégias de marketing da instituição, a fim de manter seus alunos e conquistar novos estudantes, parte do planejamento de uma pesquisa de marketing visando à identificação dos fatores que levam os potenciais alunos a escolherem estudar na instituição e sucessivamente nela permanecerem estudando. Ademais, buscar-se-á identificar a influência dos pais e aquilo que é valorizado por eles para definir a permanência ou não de seus filhos na instituição de ensino.

Objetivos específicos deste trabalho é identificar o que os educandos mais valorizam na escola, a imagem que os pais possuem da mesma, bem como se pretende analisar a influência da opinião de terceiros e da saída de colegas do aluno da escola na decisão quanto à escolha e permanência do estudante na instituição.

Buscar-se-á também observar se objetivando aperfeiçoar as práticas de marketing da escola e as alinhando àquilo que é valorizado pelos pais e alunos, surgirão propostas que visem a aprimorar os serviços educacionais ofertados pela instituição de ensino.

A fim de atingir a tais objetivos, primeiramente serão definidas as diretrizes conceituais e estratégicas do Marketing Educacional e em seguida, elaboradas a metodologia, análise e interpretação dos dados obtidos através de pesquisas com pais e alunos da escola, a partir dos quais será realizada uma Proposta para Replanificação e Melhorias.

Como especificado nos capítulos precedentes, o composto de marketing para os serviços educacionais é constituído pelos elementos produto, preço, ponto de venda, promoção, pessoas, processos e evidência física.

O Produto refere-se à proposta pedagógica e ao conjunto de serviços educacionais que a instituição oferece que são compostos por uma base comum, contemplada em sua totalidade nos currículos estaduais e municipais das instituições de ensino e por uma parte diversificada, por sua vez, pode corresponder a até 40% dos currículos locais. A parte diversificada serve para que os profissionais da educação tenham a oportunidade de adequar seus currículos e práticas à realidade de sua instituição de ensino e do local onde está inserida, ou seja, contextualizar nas grades temas de relevância social e cultural com a realidade dos seus alunos e da comunidade escolar.

À parte de seu projeto pedagógico, muitas instituições oferecem serviços adicionais tais como serviços psicológicos, de orientação vocacional e profissional, que são altamente valorizados pelos pais. Ainda quanto ao projeto pedagógico, é relevante destacar que o mesmo deve ser coerente com o segmento de mercado em que a escola atua e tem a função de reforçar o posicionamento da instituição.

O Preço refere-se às mensalidades cobradas pela instituição, sendo que os preços cobrados pelos serviços educacionais é um dos fatores de grande influência no posicionamento da instituição, uma vez que as pessoas tendem a associar a qualidade de ensino a níveis de preços mais altos. Devido à alta competitividade do mercado educacional, o preço se tornou um importante diferencial. No entanto, destaca-se que a política de preços das instituições está sujeita a restrições impostas por lei.

Ponto de venda ou praça diz respeito à localização e estrutura física da escola. Já a Promoção refere-se ao processo de comunicação junto ao público-alvo através de todas as ferramentas disponíveis para aprimorar este processo cuja finalidade é divulgar a instituição e os serviços educacionais prestados perante seu público, a fim de atrair estudantes potenciais e estimular suas matrículas, fortalecer a imagem da instituição, bem como reter os alunos.

O elemento Pessoas são os profissionais envolvidos direta e indiretamente na prestação dos serviços educacionais. As pessoas envolvidas com os processos administrativos têm de estar preparadas para prestar um bom atendimento a todos os clientes da instituição, sejam eles clientes internos ou externos. Já o processo ensino-aprendizagem é desempenhado pelos professores, sendo que a qualificação destes é um dos principais fatores considerados pelos pais para escolha de uma instituição de ensino. Destaca-se que a importância que o professor exerce no processo de ensino-aprendizagem e como agente de marketing o leva a ser considerado como elemento essencial do Marketing Educacional.

Os Processos nas instituições de ensino dividem-se em duas categorias: processos administrativos e de ensino aprendizado.

O processo administrativo tem relação com a gestão do negócio. Envolve, portanto, a gestão financeira, mercadológica, de pessoas, entre outras. O processo de ensino-aprendizagem refere-se ao conjunto de ações que o aluno realiza sob a gestão do professor, a fim de atingir os objetivos pedagógicos propostos.

Por fim, a Evidência Física são os elementos que tangibilizam os serviços educacionais e que oferecem evidências de sua qualidade. Para o segmento de Ensino Fundamental pode-se citar laboratórios de informática, ciências, física, química, biologia, bibliotecas, auditório, ginásio, quadros poliesportivos, material didático e recursos pedagógicos.

O processo de escolha de uma instituição de ensino é resultante de um comportamento de compra complexo. A complexidade advém da intangibilidade inerente aos serviços educacionais, das várias opções a serem analisadas, do montante do investimento, da falta de um conhecimento específico para uma avaliação mais apurada e da impossibilidade de uma avaliação imediata. A esses fatores adicionam-se as implicações da escolha na formação do estudante como indivíduo e como profissional.

Os pais se veem diante de uma importante decisão que influenciará na formação do caráter e da postura de seus filhos diante dos desafios da vida. A opção por uma instituição de ensino também trará implicações para formação profissional e carreira do estudante. Diante dessa complexidade, o processo de escolha de uma instituição de ensino envolve três etapas: crença (imagem), atitude (simplificação) e matricula (compra refletida).

Na primeira etapa, o comprador desenvolve crenças a respeito da instituição. A crença é o pensamento descritivo que a pessoa mantém acerca da instituição amparada no aprendizado adquirido através dos anúncios, formadores de opiniões, propaganda boca a boca ou em função de experiências anteriores. A partir da crença é que a imagem da instituição é estabelecida na mente do público. Posteriormente o comprador desenvolve atitudes. A atitude refere-se à necessidade de simplificação em função das inúmeras opções que se apresentam. O comprador realiza um processo de triagem e seleção das instituições descartando aquelas que não condizem com suas com crenças.

Na terceira etapa, por fim, o comprador realiza uma escolha refletida, isto é, o comprador procede a uma coleta de informações e a uma avaliação minuciosa das características das instituições para, então, optar por uma delas. A imagem da instituição no mercado, qualidade de ensino, qualificação do corpo docente e proposta curricular são uns dos principais fatores ponderados durante a tomada de decisão. Ressalta-se que ainda que decisão de compra de um serviço educacional é racional, mas envolve vários componentes emocionais.

Importante lembrar que os clientes de uma instituição se diferenciam conforme o segmento de ensino. No segmento de Educação Infantil a escolha da escola é exclusiva dos pais. No Ensino fundamental, embora a decisão final ainda seja dos pais, os estudantes começam a ter maior peso na decisão. No Ensino Médio, os pais passam a compartilhar a decisão com seus filhos, mas ainda exercem grande influência sobre ela. Já a escolha de uma Instituição de Ensino Superior é feita quase que exclusivamente pelo aluno que, geralmente, conta com o apoio e aconselhamento dos pais.

Para implementar uma eficiente estratégia de captação de alunos é necessário que, primeiramente, a instituição tenha claramente definido seu segmento e posicionamento de mercado para que os esforços de marketing sejam alocados de forma eficaz e reflitam no incremento do número de matrículas. Um segmento de mercado é composto por um grupo de compradores que possuem características, necessidades, comportamento de compra ou padrão de consumo semelhantes. Identificar agrupamentos homogêneos de consumidores é de extrema relevância para o esforço diferencial de marketing e direcionamento das estratégias mercadológicas.

Para efetuar a segmentação de mercado a instituição pode se basear em diferentes critérios. As variáveis geográficas (municípios, estados, regiões, centros urbanos ou rurais), demográficas (idade, sexo, grupos étnicos, religião, renda familiar, tamanho da família), psicográficas (classe social, estilo de vida, personalidade, percepção dos consumidores) e comportamentais (influência, razões, hábitos, benefícios buscados na compra) são principais critérios utilizados para segmentar os mercados consumidores.

Uma segmentação eficaz requer que os segmentos sejam: a) mensuráveis: o tamanho, poder de compra e característica do segmento devem ser facilmente determinados; b) substanciais: os segmentos devem ser suficientemente grandes e rentáveis para que se direcione um esforço especial de marketing; c) acessíveis: os segmentos podem ser atingidos e atendidos de maneira eficaz; d) diferenciáveis: diferentes segmentos devem responder de forma distinta a diferentes elementos do composto mercadológico e a programas de marketing; e) acionáveis: os segmentos podem ser atingidos e atendidos pelas ofertas da instituição.

Definidos o segmento de mercado a ser atendido pela instituição, necessita-se identificar as necessidades, preferências e o que o público-alvo de tal segmento valoriza para que a instituição elabore sua proposta e serviços educacionais. Também é de fundamental importância conhecer como o público-alvo escolhe uma instituição de ensino, quais critérios e o que considera importante na escolha, por quais meios coleta informações sobre as instituições, quem influencia e, principalmente, que é o decisor da escolha. Em síntese a instituição deve definir o segmento do mercado educacional no qual pretende atuar, considerando as características e demandas de seu público-alvo. Dessa forma, identificam-se os alunos potenciais com necessidades e desejos comuns e os quais podem ser atingidos pelo mesmo esforço de marketing. A partir da identificação do agrupamento de alunos potenciais que a instituição de ensino pretende atingir e atender, são elaboradas e direcionadas as estratégias e esforços mercadológicos, considerando-se cada elemento do Composto de Marketing.

Posteriormente, a partir da identificação do segmento de mercado no qual irá atuar, é necessário definir como a instituição irá se posicionar perante seu público-alvo, onde o posicionamento é o esforço de implantar os benefícios-chave e a diferenciação nas mentes dos clientes, ou seja, o posicionamento é como o mercado vê a instituição de ensino. Uma instituição educacional deve optar por um posicionamento claro, a fim de se tornar diferenciada na mente do seu público e no mercado. Para se distinguir das demais instituições, é necessário que a instituição priorize e comunique de forma eficaz quais as características e benefícios diferenciados que proporciona ao seu público em termos de linha pedagógica, corpo docente, infraestrutura, serviços agregados, preço, processo de avaliação, entre outros.

A consolidação de seu posicionamento no mercado e junto aos estudantes dependerá de como a instituição trabalha sua imagem junto aos pais, responsáveis, mídia, enfim, perante a todo público com o qual interage direta ou indiretamente e que serve de referência e influencia a decisão do aluno quando da escolha por uma instituição. Ademais, as estratégias relativas ao Composto de Marketing devem ser coerentes com a opção de posicionamento adotado pela instituição para que sua imagem e identidade sejam reforçadas por todas as ações e ferramentas de marketing. Para as instituições de educação básica as estratégias de posicionamento podem ser divididas em cinco categorias:

a) posicionamento por tradição: a escola possui muitos anos de existência e boa percepção quanto a sua qualidade no mercado;

b) posicionamento por excelência do ensino: a escola é reconhecida por seu "ensino forte";

c) posicionamento por diferencial pedagógico: caso de instituições temáticas, por exemplo, escolas focadas na cultura de um país;

d) posicionamento por preço: a instituição oferece a melhor relação custo/benefício do mercado;

e) posicionamento por diferencial de marca: ao optar por esse posicionamento, a escola visa a ser reconhecida por determinado diferencial que oferta ao público, por exemplo, oferecer uma educação completa, preparando o aluno desde o Ensino Fundamental para a vida acadêmica.

Quanto à sua importância, as estratégias de posicionamento são fundamentais e exercem grande influência tanto no processo de captação como no processo de permanência de alunos, já que é por meio delas que a instituição se diferencia das concorrentes e se traduz sua proposta de valor, ou seja, marca, qualidade e preço que a instituição se propõe a ofertar ao seu público. Todavia, posicionar os serviços educacionais na mente dos clientes é processo de longo prazo que requer a construção da imagem da instituição ao longo de anos e o reconhecimento e percepção dos clientes da qualidade e diferenciação dos serviços prestados.

Uma vez definidas as estratégias de segmentação e posicionamento de mercado, necessita-se mensurar a quantidade de novos alunos que a instituição pretende conquistar. Essa quantidade depende do estágio de maturidade do negócio em que se encontra a escola. As novas escolas, naturalmente, precisam atrair mais alunos que as escolas mais maduras. Estas necessitam de novos alunos para repor o número de estudantes que estão concluindo sua formação na escola e que deixaram a instituição por algum motivo, bem como precisam de uma quantidade adicional de alunos para manter as taxas de crescimento. A mensuração da quantidade de alunos a ser captados deve ser feita levando-se em conta a infraestrutura, corpo docente e recursos pedagógicos da escola. Atrair um número de alunos para o qual não tenha condições de atender adequadamente acarreta em insatisfação e prejudica a imagem da instituição junto a seu público-alvo.

Outro ponto relevante a ser considerado é que a instituição não deve apenas se preocupar em atrair mais alunos, mas sim em atrair melhores alunos. Afinal, a qualidade do serviço educacional também depende da qualidade do aluno, já que este tem envolvimento ativo em sua prestação. Após a consideração e definição dos fatores acima mencionados, parte-se para o planejamento e implementação das ações de comunicação.

Portanto, para se estruturar as estratégias de captação de alunos é preciso primeiro identificar a necessidade do segmento de mercado. Depois construir uma proposta de valor que atenda às necessidades desse segmento. Por fim, é preciso comunicar com esse segmento de forma relevante e pertinente. São diversas as mídias que podem ser utilizadas para divulgar a instituição e atrair alunos potenciais.

A fim de selecionar as mídias de maior eficiência, é necessário ponderar a quantidade de novos alunos que se pretende conquistar e a verba disponível para as ações de comunicação. Ponderados esses fatores, também deve se levar em consideração as vantagens e desvantagens de cada mídia, em que momento e para qual tipo de instituição elas são mais eficientes.

Todas essas mídias devem ser enriquecidas através da atuação de Relações Públicas que serve como um elo de ligação entre a escola e a comunidade externa, bem como entre a administração e o público interno, ajudando a consolidar a imagem da instituição de ensino. As Relações Públicas também se responsabilizam por campanhas culturais, organização de eventos e devem usar as informações obtidas junto ao público para implementar ações e avaliar resultados.

A eficiência da captação só acontecerá quando houver integração entre as diversas ferramentas e mídias escolhidas para as ações de comunicação. Independente do meio escolhido, a mensagens transmitidas através de tais ações devem ser autênticas e refletir aquilo que a instituição realmente é. Não adianta supervalorizar a escola se os clientes potenciais, por ocasião da matrícula, constatarem que a imagem da instituição que lhe foi passada não corresponde à realidade.

Agindo desse modo a instituição perde a credibilidade e prejudica sua imagem junto ao público. Importante destacar que a propaganda e a publicidade que chegam ao público-alvo funcionam como atrativo para colocar a instituição na mente do futuro aluno, servem de lembrança da marca, mas não definem o processo de escolha por uma ou outra instituição de ensino.

A realização de eventos é, por sinal, uma importante ferramenta de marketing e, em especial, do Marketing de Relacionamento, que propicia a promoção e divulgação da marca educacional, interatividade e estreitamento dos laços com o público, bem como sua fidelização. Os eventos escolares também servem como complementação da educação formal e podem servir como uma fonte de recursos extras para instituição. Criar ou patrocinar eventos de interesse, de lazer e de grande mobilização, envolvendo tanto os membros da comunidade educativa como os demais membros da comunidade local contribui para a criação de diferenciais competitivos na mente do consumidor.

É importante que o evento leve ao consumidor a perceber os valores morais e a identidade da instituição, posto que os eventos escolares ampliam o relacionamento da escola e de sua marca com o mercado. Aliás, a marca educacional é um fator de extrema relevância no processo de captação e permanência de alunos, uma vez que identifica e diferencia uma instituição de ensino das demais. Logo, é necessário que as ações de comunicação de marketing trabalhem de forma integrada para construir e consolidar a marca educacional e, assim, garantir um grande diferencial competitivo em um ambiente de concorrência acirrada.

Os esforços e investimentos não devem apenas se limitar a conquista de novos alunos, mas também na manutenção de seu atual corpo discente. As estratégias de permanência de alunos estão fundamentadas, principalmente, nas práticas do Marketing de Relacionamento, criando um vínculo relacional com o cliente, de forma a desenvolver neste sentimentos de familiaridade, confiança e credibilidade quanto a uma marca e/ou instituição. O Marketing de Relacionamento não só foca na satisfação de seus clientes, mas visa a construir alianças de longo prazo com os mesmos para, assim, retê-los e fidelizá-los. Sua prática deve ser entendida e adotada por todos os membros da instituição para que os vínculos entre os clientes e a escola sejam estreitados proporcionando a esta uma vantagem competitiva.

Posto que a prestação dos serviços educacionais envolve alto grau e frequência de contato entre o aluno e instituição, todos os membros da escola devem estar preparados para a criação de vínculos a serem mantidos durante o período de permanência do aluno na instituição. Neste sentido o endomarketing é uma atividade estratégica que envolve todos os membros de uma organização, constituindo uma forma de integração de discursos, unificação de posicionamentos e compartilhamento de informações entre os diversos públicos corporativos. Além do mais, treinar, desenvolver e transformar as pessoas em precursores de um processo que visa a criar alianças com o cliente é fazer com que todos se sintam parte da instituição.

O corpo docente desempenha papel de extrema relevância tanto na captação quanto na permanência de alunos. A qualificação dos professors e sua atuação em sala de aula são considerados fatores decisivos para escolha e permanência dos alunos na instituição de ensino, bem como para percepção de sua qualidade.

Dessa forma, investimentos na qualificação e capacitação do corpo docente são essenciais, a fim de que a instituição esteja posicionada competitivamente no mercado. A prática do marketing na sala de aula se dá quando o professor procura conquistar a atenção, envolvimento e estima de seus alunos, os estimulando e direcionando seu aprendizado. O professor deve procurar identificar o que estimula o aluno a prestar atenção e participar das aulas, como também deve procurar proporcionar conveniências que os motive à busca do conhecimento através de aulas dinâmicas, relações entre o conteúdo ministrado com os acontecimentos atuais e do cotidiano, uso dos recursos tecnológicos, entre outros meios.

O docente também deve se posicionar de forma acessível ao aluno, mostrando-se aberto a dúvidas, ao diálogo e a sua participação na aula e, assim, criar um ambiente agradável e favorável para o processo de aprendizado, estreitar os vínculos com os educandos e fazer com que os mesmos se sintam parte importante do processo de aprendizagem. As velhas práticas do autoritarismo, ênfase na teoria e no conteúdo, concepção do professor como único detentor do conhecimento, que não aprende com os alunos, mas apenas os ensina, não são mais válidas. Ademais, através do contato direto que têm com os alunos, são os professores que constroem a imagem e os vínculos com a instituição, sendo os profissionais mais aptos a identificar as necessidades, desejos e comportamento dos alunos e contribuir para elaboração e execução das estratégias de captação e retenção do corpo discente.

A instituição não deve apenas atuar para conquistar confiança, credibilidade e criar alianças com seus alunos, mas deve visar a conquistar sua lealdade, os fidelizando. A lealdade de um aluno é conquistada no dia-a-dia através de pequenos detalhes que diferenciam a instituição e marcam a vida dos estudantes. A escola deve ser um local onde se ensinam coisas que não podem ser descritas por palavras e sua relação com os alunos deve ir além dos cadernos, mas para a vida toda, e não se limita apenas a uma ferramenta de marketing, sendo um processo em permanente construção pelo qual em cada ação e contato com o aluno a instituição procura agregar valor e perpetuar vínculo do educando com a escola. Fidelizar os alunos é transformá-los em divulgadores e multiplicadores de opiniões positivas sobre a instituição de ensino, proporcionando a manutenção e conquista de novos alunos. A continuidade no relacionamento com os alunos egressos, através de eventos que os reúnam e os envolvam, é fundamental para que os mesmos se mantenham leais à escola.

As organizações da área educacional podem e devem trabalhar com a visão de que cada um de seus alunos podem ser um aluno para sempre, o qual representa o educando que, após uma bem-sucedida experiência com a escola, tem motivação para manter seu relacionamento e, sobretudo, transformar-se em multiplicador e defensor da marca no mercado. As estratégias para permanência e fidelização de alunos extrapolam, portanto, a qualidade do ensino e qualificação do corpo docente, sendo essenciais para satisfação e permanência dos alunos na escola, as condições em que se dá o processo de ensino-aprendizagem, o relacionamento construído entre os todos os membros da comunidade educativa e a confiança e credibilidade conquistadas pela instituição.

Para replanificar e melhorar as ações e estratégias de marketing da instituição, é fundamental identificar e entender as razões que influenciam os alunos a permanecerem na instituição. Por isso o ponto de começo é realizar uma pesquisa partindo dos alunos que cursam na escola como também com seus pais. As pesquisas devem ser do tipo descritivo quantitativo.

Nas descritivas os problemas objetos de investigação estão bem definidos e, geralmente, procura-se obter resultados quantitativos sobre aspectos do comportamento ou sobre o perfil dos consumidores, através de técnicas padronizadas de coleta de dados, tais como o questionário e a observação sistemática. Já as quantitativas caracterizam-se pela coleta de dados diretamente dos respondentes apropriados, buscando também informações relativas ao perfil e ao comportamento de compra dos clientes.

As pesquisas devem adotar como fonte de dados primários as entrevistas pessoais, convidando pessoalmente alunos e pais e solicitando-os a preencher os questionários. O tipo de amostragem a ser utilizado, por conveniência, pode ser o não-probabilístico, efetuando-se a pesquisa com os pais e alunos que estiverem acessíveis e dispostos a responder aos questionários. Os principais objetivos das pesquisas consistem na identificação dos fatores que levam os alunos a permanecerem na escola, bem como identificar a influência dos pais e os fatores que os mesmos valorizam para definir pela permanência ou não de seus filhos na instituição de ensino.

O questionário destinado aos pais, além de identificar os fatores que os pais valorizam na escolha de uma escola e sua influência em tal processo de escolha, deve visar, de forma secundária, a averiguar a influência da opinião de terceiros na decisão dos pais, a imagem que os mesmos têm da instituição, seu grau de satisfação com a escola e sua avaliação quanto às práticas de marketing de relacionamento da instituição.

O questionário destinado aos alunos além de ter como objetivos primários identificar os fatores valorizados pelos alunos e a influência de seus pais para que permaneçam na escola, analisar a satisfação dos educandos, identificar o que os alunos mais gostam na escola e a influência de seus colegas na sua saída ou permanência na instituição.

Os dados obtidos através das pesquisas devem posteriormente ser tabulados, analisados e interpretados, para propiciar a realização de uma Proposta para Replanificação e Melhorias, a qual será aplicada a partir do próximo ano letivo, visando ao aperfeiçoamento das ações e estratégias de marketing da instituição, a fim de manter em seu corpo discente seus atuais alunos e conquistar novos estudantes. Os dados que é provável esperar, quanto ao questionário destinado aos pais são:

a) Influência do filho na escolha da escola: elevada, o que comprova que nos anos finais do Ensino Fundamental até o Ensino Médio os pais negociam com seus filhos a decisão sobre a escola em que estes vão estudar;

b) Influência de terceiros na escolha da escola: media, o que comprova que a opinião de terceiros pode até servir como referência para os pais, porém não exerce influência decisiva quando da opção por uma escola;

c) Fatores valorizados: preponderante é a qualidade do ensino, sendo o fator preço o menos influente;

d) Diferencial da instituição: logico esperar a preponderância do fator qualidade, seguido pela infraestrutura, tradição e imagem da escola e proposta pedagógica;

e) Característica para um professor: provável preponderância da componente didática, ou seja, a capacidade do professor transmitir o conteúdo que leciona para os alunos;

f) Imagem da escola: ser a melhor representa a principal opção, em detrimento de seu grau de diferenciação;

g) Meio de informação: provável que a circulares interna representem o principal meio de informação. Desta forma a escola deve se esforção para promover um uso mais ativo e frequente do site da escola e suas redes sociais.

Os dados que é provável esperar, quanto ao questionário destinado aos alunos são:

a) Características valorizadas: boa qualidade de ensino e bons professores, enquanto atividades variadas e infraestrutura aparecem de importância segundaria;

b) Motivos pelos quais estudar na instituição: é muito provável que as respostas dos alunos sejam parecidas com as dos pais, ou seja, qualidade de ensino e qualificação do corpo docente, sendo tradição da escola e infraestrutura fatores residuais;

c) Atividades das quais os alunos mais gostam: muito provável que a ordem de importância seja excursões e aulas-passeio Atividades esportivas, Atividades culturais e por fim Feira do conhecimento;

d) O que mais gostam na escola: normalmente relacionamento com colegas e professores representa o motivo preponderante, enquanto a infraestrutura tem peso residual;

e) Influência dos amigos: o resultado depende do quanto o aluno sente de pertencer a um grupo e a influência que este exerce em seus membros, e portanto é ligado mais aos adolescentes, na faixa etária a partir de onze anos.

A interpolação dos dados geralmente mostra a importância de desenvolver ações de marketing voltadas tanto para os alunos como para os pais, visto que estes ainda são os agentes finais na decisão da escolha da instituição de ensino, contudo aqueles exercem grande influência no processo decisório e são influenciados pela opção dos colegas em permanecer ou sair da escola. A partir dos dados obtidos com os pais e alunos, bem como da análise das práticas mercadológicas adotadas pela Instituição, por escolas concorrentes e por renomadas instituições educacionais, pode ser elaborada uma proposta que vise não apenas a reforçar a permanência de alunos, mas também ao aperfeiçoamento das estratégias de marketing para captação de novas matriculas.

O primeiro passo, caso fosse necessário, é tornar relevante e promover o uso do site web da escola como um meio pelo qual os pais se informem e acompanhem as atividades que seus filhos desenvolvem dentro da instituição de ensino, propiciando uma forma de tangibilizar os serviços educacionais. Se as circulares são ainda o principal meio utilizado pelos pais dos alunos para obterem informações sobre os eventos escolares, nelas devem ser destacados que no portal institucional da escola é possível acompanhar o calendário com a programação das atividades escolares e fotos de tais atividades.

Neste sentido é importante é destinar um espaço no seu portal institucional para os pais dos alunos, onde além de serem disponibilizadas circulares, realizadas enquetes, constar avisos e convites para reuniões, palestras e eventos direcionados aos pais, podem ser selecionados, pela equipe pedagógica e psicoeducacional, artigos e notícias veiculados nos meios de comunicação que abordem temas relacionados à educação e à formação das crianças e adolescentes.

Tal prática torna-se útil uma vez que incentiva o acesso ao site da instituição, propicia mais um meio de comunicação da escola com responsáveis pelos educandos, contribuindo para mantê-los informados sobre assuntos relevantes e sobre cotidiano escolar de seus filhos.

A elaboração de boletins eletrônicos informativos dirigidos aos pais e alunos também constitui uma forma de comunicar e divulgar as atividades da escola, enquanto possibilitam criar um canal eficiente e de baixo custo para que a instituição se comunique com seus diferentes públicos. Também é interessante que os membros da direção, coordenação e corpo docente elaborem mensagens e artigos que explorem temas atuais e relevantes para os pais e os relacione com a filosofia, proposta pedagógica e atividades desenvolvidas pelos educandos na escola. A finalidade é propiciar a tangibilização dos serviços educacionais ao permitir que os responsáveis pelos educandos fiquem cientes e acompanhem as atividades do cotidiano escolar dos filhos, além de contribuir para divulgação e fortalecimento da imagem institucional.

O portal institucional ainda deve ser utilizado para evidenciar a qualificação do corpo docente, visto que a formação acadêmica é um fator que os pais acham importante como característica para os professores, além de identificar os professores das áreas de ensino, reservar um espaço destinado às dicas para os alunos, atualizado com frequência e nele sejam incluídas dicas de livros, filmes, portais educativos e de pesquisa, eventos e passeios culturais, entre outras. Além de contribuir com a elaboração de artigos e de dicas, os professores podem propor desafios e exercícios extras aos alunos no site da escola, colaborando para enriquecer seu conteúdo e aumentar sua atratividade.

O mesmo espaço deveria ser destinado aos ex-alunos, no qual estes poderiam se cadastrar para receber notícias sobre eventos na escola e envolvendo os membros de um Centro de ex-alunos, a ser criado especificadamente. Nesse espaço, os ex-alunos também poderiam deixar depoimentos sobre sua passagem na instituição, destacando o que a escola representou e como influenciou sua formação pessoal e profissional.

Igualmente importante o uso das redes sociais não somente para difundir marca, valores, diferencias, oferta pedagógica, mas também para interação através de troca de mensagens que não somente devem visar a comunicar não apenas os eventos realizados na escola, mas também a divulgar as próximas realizações, notícias de interesse de pais e alunos, bem como as atualizações do site da instituição.

Aplicativos especificamente dedicados a troca de mensagens, quais os antigo Twitter ou Telegram que podem também exercer a função de micro blog, podem ser usados como ferramenta educacional. Independentemente de ser utilizado dentro ou fora da sala de aula, os professores podem fazer uso destas ferramentas para fomentar o debate e a análise da dimensão e diferente repercussão de acontecimentos atuais em diversas partes do mundo, estimulando o senso crítico dos educandos.

A construção de textos colaborativos entre os estudantes é outra possibilidade de uso da rede social. Levados à sala de informática e a partir de uma proposição inicial do professor, os alunos podem ser estimulados a dar sequência ao texto dos colegas, de maneira a exercitar seu poder de síntese, em virtude do limite de caracteres que podem ser postados em cada mensagem na rede social.

Haja vista que as tecnologias estão presentes no cotidiano dos estudantes cada vez mais cedo, incorporá-las ao ambiente escolar e apropriá-las à proposta pedagógica tornou-se fundamental para que os alunos tenham maior envolvimento, interesse, participem ativamente do processo educacional e estendam tal processo ao contexto extraclasse.

É necessário transformar as instituições de ensino em instituições de aprendizado nas quais os alunos aprendam de várias formas e não apenas dentro da escola. A dinamização e a modernização das aulas através do uso das tecnologias tornam-se cada vez mais indispensáveis. Relevante que a instituição faça uso das redes e mídias digitais não só como ferramentas de marketing, mas também como ferramentas educacionais.

Desta forma a instituição irá proporcionar uma forma pela qual os educandos não façam uso dessas mídias apenas como forma de entretenimento, mas também como um meio de aprendizagem, enriquecendo essas redes em materiais de apoio e conteúdos extras, além do que através deles é possível assistir a vídeos-aulas, praticar jogos educacionais, tirar dúvidas com professores online, participar de fóruns, entre outras atividades de aprendizagem interativa.
A fim de estabelecer mais um meio para interagir e estreitar o relacionamento com os educandos e dar continuidade ao processo de aprendizagem fora de sala da aula, de modo dinâmico e colaborativo, sugere-se que os professores ou grupo de professores da mesma área de ensino da escola criem blogs através dos quais possam aprofundar e extrapolar os temas abordados em classe, exemplificar sua aplicação, relacioná-los a fatos atuais, abordar e esclarecer dúvidas recorrentes sobre a matéria, apresentar dicas de livros e sites, a fim de orientar e incentivar o uso e pesquisa de fontes fide-

dignas, além de incentivar a colaboração e participação de seus alunos, através de seus comentários, na construção dessa mídia.

CAPITULO VIII

OS DESAFIOS DO MARKETING EDUCACIONAL

O mercado Educacional vem sofrendo profundas mudanças para atender às demandas emergentes na sociedade, especialmente após a depreciação do cenário do ensino público a partir de 2019, concomitante à expansão do serviço educacional particular cria um novo panorama: um mercado que ampliou o número de escolas particulares para todos os níveis, idades e gostos. A sociedade exige um novo posicionamento das escolas, que tradicionalmente são reconhecidas como o principal agente para formação do cidadão através do acesso à cultura e ao ensino. Estas, agora, precisam incorporar novos compromissos como o de oferecer um ambiente seguro, que possa suprir as faltas proporcionadas pela sociedade atual (cercada por uma forte cultura de violência) perdendo valores familiares, permitindo que crianças e adolescentes tenham, cada vez mais cedo, experiências negativas como: falta de espaço, problemas de relacionamento social, isolamento, solidão etc.

O perfil do estudante do século XXI, muito mais ousado e questionador, faz com que as instituições tenham que reformular seus conceitos pedagógicos e estratégicos, muitos desenvolvidos exclusivamente para atender aos interesses das famílias, tais como: localização, valor da mensalidade, vantagens oferecidas pelo número de alunos de uma mesma família, o que ainda continuam sendo um fator importante.

Entretanto, o desafio maior das escolas particulares é o de entender e atender às necessidades de seus consumidores diretos, os estudantes, que aumentaram em grande escala sua influência junto aos pais no momento de escolher onde estudar. A concorrência entre as escolas faz com que cada qual tente descobrir um novo caminho para atingir este objetivo.

O Marketing Educacional se apresenta, neste contexto, como uma ferramenta valiosa já utilizada há décadas por países em todo o mundo. Partindo do princípio de que posicionar uma escola dentro do mercado é uma atividade de grande responsabilidade, as instituições de ensino precisam ter cuidado ao planejar e executar suas ações através do Marketing Educacional, buscando também o auxílio de outras ferramentas como o Marketing de Relacionamento, o Marketing Lateral e o Marketing Institucional. O Marketing, para dar bons resultados, não deve ser pensado de forma individual com um objetivo único de lucro, mas deve transcender estes objetivos e estruturado de forma global com a finalidade de aumentar o bem-estar do consumidor do serviço ou produto, neste caso, os alunos.

Um compendio de estudos contemporâneos do Marketing Educacional são aqueles elaborados para Kotler, Cobra, Vaz e Santos. Sugerem, para obtenção de dados e impressões necessárias, modelos baseados em entrevista não estruturada, observação sistemática e pesquisa de campo com aplicação de questionários. A entrevista não estruturada e observação sistemática foram os meios utilizados para coleta de informações dentro da instituição através dos seus estudantes, colaboradores e professores.

No campo se observa de forma geral que as escolas particulares, em um momento de ampliação de oferta do mercado, engajam-se na corrida por um reposicionamento no mercado educacional, através da renovação das suas estruturas pedagógicas e administrativas e assim, dentro de um novo conceito que venha atender as necessidades da sociedade, estas organizações têm procurado mostrar seu diferencial e agregar valores de confiança e satisfação aos consumidores dos seus serviços. Entretanto, muitas acabam adotando práticas nem sempre eficazes de Marketing, sem uma prospecção concreta de sua validade.

Cobra acredita que o resultado são ações que distorcem o sentido do Marketing Educacional e acabam transformando o ensino em um produto qualquer, pondo abaixo seu caráter pleno e social de formação do cidadão, considerando-o apenas pela ótica do lucro. Essas estratégias acabam por se tornar inócuas a médio e longo prazos, pois é preciso agregar valor às ações de Marketing através do estudo da relação entre a escola e o estudante, a família e a sociedade.

Com grandes gastos em mídia e propaganda, desprovidas de um estudo sistemático, e sem base em um planejamento estratégico que contemple toda uma gama de ações a serem desenvolvidas para solidificar o posicionamento da instituição, muitas escolas não conseguem perceber a importância real de um investimento integrado de Marketing, o que leva a gastos desnecessários e sem retorno. Algumas, ainda, adquirem enormes endividamentos que absorvem os poucos resultados financeiros positivos obtidos apenas pelas campanhas publicitárias.

Diante deste quadro outras instituições optam por cautela. Kotler afirma que elas criam órgãos internos de Marketing, as mais estáveis financeiramente terceirizam o serviço, porém em qualquer uma das situações, todas se deparam com a mesma questão, ou seja, como a escola pode se beneficiar do Marketing Educacional para atrair novos alunos, garantir a permanência dos existentes e reposicionar sua imagem institucional, tornando-se competitiva no mercado. É importante que as instituições de educação busquem entender a finalidade de utilizar o Marketing como instrumento estratégico para o desenvolvimento das atividades do setor, que pode oferecer os resultados que as instituições precisam, auxiliando-as na apresentação do seu diferencial, na análise da estrutura interna, nas relações com seus consumidores diretos e com a sociedade, na identificação do seu público-alvo e das expectativas com relação ao serviço prestado pela organização.

Para o desenvolvimento de um trabalho eficaz de Marketing é preciso conhecer o perfil do estudante e das famílias, além de superar suas expectativas, gerando uma situação de conforto e bem-estar mútuos, adequando-se às novas exigências demandadas pelo mercado e ampliando a percepção dos serviços oferecidos. Com um melhor aproveitamento destas ferramentas, os resultados poderão ser satisfatórios tanto para as instituições quanto para a sociedade.

Este movimento que o Marketing se propõe, favorecerá a melhoria dos serviços educacionais, gerando uma contribuição relevante para a sociedade que desfrutará de um novo padrão na rede particular de ensino, não temos como garantir, mas algo se apresenta no universo educacional que conduzirá as Instituições a repensarem as ofertas de serviços.

Para Santos algumas escolas brasileiras utilizam formatos americanos e europeus do Marketing Educacional, que acabam por não atender suas necessidades e distorcem os objetivos aos quais a ferramenta se propõe.

Nesse contexto, verifica-se uma situação análoga na região Nordeste do Brasil, onde há um crescente número de instituições que funcionam em regime de redes ou cadeias educacionais que trazem para o local os modelos de Marketing Educacional utilizados no Sul e Sudeste do país que não contemplam o perfil da comunidade estudantil e sociedade nordestina. Apesar dos conceitos de Marketing serem, em sua maioria, globais, é preciso pensá-lo de maneira local, principalmente no que diz respeito ao Marketing Educacional.

Acredita-se que, através da realização de pesquisas dentro das várias realidades das instituições educacionais, tais como: escolas que funcionam em regime de redes regionais, nacionais, grandes instituições que atuam em um único município, instituições tradicionais que atuam na capital ou no interior; analisando suas experiências e contando com o apoio de estudiosos do assunto, é possível obter futuramente uma literatura mais consistente acerca do tema.

Nesse sentido, é fundamental apresentar e estudar a importância do Marketing Educacional para as escolas, tendo por base os objetivos a serem alcançados por estas junto ao seu público alvo, bem como analisar as práticas de Marketing realizadas por uma instituição que adotou ações estratégicas diante de uma situação de crise.

Vaz destaca que se torna relevante buscar entender de modo prático os fatores que levaram as instituições a desenvolver uma lógica de Marketing que atendesse às suas necessidades, a dos seus alunos, pais e professores e os resultados do trabalho implantado.

A partir dos dados obtidos em estudos com estes fins, estima-se que informações importantes sejam identificadas, contribuindo para a elaboração de outros projetos de Marketing Educacional em escolas particulares, podendo promover encontros locais de debates acerca dos resultados, além de fornecer dados para futuras pesquisas na área, consolidando a junção entre os campos do Marketing e da educação.

Para Gordon as instituições podem compartilhar de diferentes objetivos quando buscam a ajuda do Marketing: aumentar o número de alunos, ampliar sua participação no mercado, conseguir maior apoio público, etc. Porém, não é tão simples tornar uma Instituição escolar em uma organização voltada para a orientação pelo Marketing. É preciso empregar esforços contínuos, que envolvem todo um trabalho de equipe, em busca da melhor forma de atender e entender as necessidades do mercado. Uma orientação de marketing pressupõe que a principal tarefa da administração é determinar as necessidades e os desejos de mercados-alvo e satisfazê-los através do projeto, comunicação, fixação de preço e entrega de programas e serviços apropriados e competitivamente viáveis.

As ferramentas de Marketing, através do seu foco no consumidor, ajudam as Instituições a analisarem seus pontos fortes e fracos, sua razão de ser e estar no mercado, atualizando-se e percebendo um mercado dinâmico onde é necessário saber assumir os dois papéis: empresa e escola. Neste ponto, revela-se uma das grandes dificuldades das escolas, Colégios, Centros de estudos, cursinhos e cursos extensivos no Brasil: encontrar a melhor forma de administrar a atividade educativa, não perdendo de vista os objetivos organizacionais de lucro e retenção de clientes, criando um ambiente de retorno mútuo, onde a sociedade e a empresa estejam obtendo resultados positivos. No centro desta discussão que envolve fortemente a questão ética, estudos afirmam que o Marketing tem na educação um dos melhores espaços para poder mostrar sua potencialidade, pois se trata de um segmento onde este tem que estar a todo o momento longe do conceito de "venda", e sim, aproximando-se do objetivo de satisfação das necessidades dos clientes.

Churchill e Peter ressaltam neste processo quatro contribuições valorosas do Marketing para as instituições educacionais:
1) Maior capacidade de se obter bons resultados no cumprimento da missão da Instituição, servindo de base para a escola descobrir como lidar com sua missão e metas estabelecidas. A missão determinada pela escola pode ser um diferencial para os consumidores, mas, se ela não estiver bem definida, o Marketing poderá mostrar caminhos, sugerindo programas atuais e atraentes que tragam as respostas necessárias para a escola cumprir com eficácia a sua missão;
2) Melhoria na satisfação do público-alvo da escola, buscando agradar seus clientes e satisfazendo suas necessidades, oferecendo algo novo e inesperado;
3) Otimizar a atração e utilização de recursos, pois, no momento em que a empresa/escola deseja satisfazer seus clientes, buscam conhecê-lo através de pesquisas e coleta de dados, direcionando as atividades da organização para um objetivo comum;
4) Suaviza e aproxima a magnitude de algumas escolas com a realidade social de algumas famílias.

Um grande equívoco que ocorre no ramo educacional, principalmente dentre as organizações menos estruturadas, é associar o Marketing apenas às atividades de propaganda.

O Marketing contribui de maneira substancial para as atividades da instituição estando presente desde a alta administração até os professores, equipes administrativas etc. Quando sua aplicabilidade é orientada por um planejamento, que contemple uma visão geral da instituição, logo são percebidos os primeiros resultados. Kotler apresenta vários pontos cruciais a serem analisados, discutidos e implantados por escolas que precisam "entrar" definitivamente no mercado educacional contemporâneo, são eles: resposta ao mercado, imagem institucional e planejamento estratégico de Marketing.

Dentre estes pontos, o autor ressalta a necessidade da compreensão do papel relacional da atividade de marketing, especialmente nas empresas de educação. Para o autor, um dos grandes diferenciais que uma empresa pode utilizar para fidelizar, atrair e conquistar novos clientes e mercados é o Marketing de Relacionamento.

As relações entre as empresas e seu público-alvo sempre foram considerados um importante aspecto na busca de técnicas para encantar e complementar o Conceito de Marketing desenvolvido pelas organizações. Kotler apresenta o Marketing de Relacionamento como um processo contínuo de identificação e criação de novos valores com clientes individuais e o compartilhamento de seus benefícios durante uma vida de parceria, que parte de um princípio básico: manter contatos e agregar valor à imagem que o cliente leva da empresa para casa. O mesmo enxerga no Marketing de Relacionamento um dos principais investimentos das organizações. A ideia de manter laços com o seu público alvo é defendida por diversas organizações como um dos pilares para desenvolver um perfil de clientes quase que vitalícios.

Mudanças na estrutura de atendimentos, criação de pacotes de benefícios, vantagens, programas de pontos ou milhas, premiações, enfim, todas ordens de programas de relacionamento passam a ser estudados, aplicados e aprimorados. As companhias aéreas são pioneiras em programas de relacionamento com o consumidor.

Analisando do ponto de vista mercadológico, o Marketing de Relacionamento aparece como um grande colaborador para condução do processo de se estabelecer uma imagem sólida dos objetivos organizacionais, pois ele os perpetua e torna constantes as ações de Marketing, o que contribui para a percepção dos princípios de confiança e qualidade, o que não pode ser esquecido. No que se refere ao ambiente educacional, o Marketing de Relacionamento poderá trazer muitas contribuições para o aperfeiçoamento da Imagem Institucional e maior satisfação do seu público alvo, principalmente por este tipo de atividade possuir uma particularidade: a relação familiar. Esta relação irá determinar como devem ser estruturadas as questões voltadas para a imagem da escola. A maneira como as famílias e toda a sociedade irá enxergar a instituição educacional define ágama de ações complementares e anexas que serão dirimidas em seu marketing institucional. Em verdade, esta ferramenta de Marketing busca levar muito mais que uma "boa imagem" aos clientes e público-alvo da Instituição, ela prioriza a propagação da "ideia" de existir da organização e qual o seu objetivo de estar atuando.

É difícil encontrar uma definição única ou um consenso entre estudiosos sobre Marketing Institucional, devido à grande diversidade de áreas e atividades as quais este se relaciona.

O conceito de Instituição nos remete a existência de dois mercados com objetivos distintos, os quais estas pertencem: o Mercado de Bens e o Mercado Simbólico.

O Mercado de Bens é aquele onde ocorrem trocas econômicas de valor material. Fazem parte deste mercado as empresas que possuem fins lucrativos. Já no Mercado Simbólico, ocorrem trocas de bens intelectuais, também chamado Mercado de Ideias, e neste mercado estão inseridas as organizações sem fins lucrativos. Cada um destes mercados busca um tipo de Marketing apropriado. As escolas possuem, neste sentido, uma particularidade por estarem inseridas nos dois mercados (bens e simbólico) e consequentemente utilizarem tanto o Marketing Empresarial quanto o Marketing Institucional. Instituições educacionais com foco em seus consumidores estão constantemente preocupadas com a sua Imagem Institucional. É através desta que qualquer pessoa possui um feedback rápido de uma determinada escola, por exemplo, quando se ouve alguém emitir uma opinião negativa sobre uma instituição, mesmo que se saiba por outros meios (internet, jornais, balanços, projetos etc.) das suas qualidades, o consumidor pensará um pouco mais antes de tomar sua decisão por qual escola deverá optar.

Gordon acredita ser essencial que a instituição saiba a real imagem que possui em seu mercado. A qualidade real de uma instituição é frequentemente menos importante que seu prestígio ou reputação de qualidade porque é sua excelência percebida que, de fato, orienta as decisões de alunos potenciais e bolsistas, preocupados com ofertas de emprego e dos órgãos públicos que garantem as subvenções. Neste cenário, despontam e vislumbra-se o advento do Marketing Digital, sobretudo, através das plataformas e redes digitais de comunicação.

O fluxo de informação, presente na sociedade da informação, acontece em grande parte da emergência e centralidade das tecnologias de informação e comunicação no processo de produção e desenvolvimento. As práticas sociais e culturais sofreram mudanças em decorrência desse processo, fazendo surgir, portanto, novas exigências e desafios para a sociedade, sobretudo no mercado educacional. O impacto com que estas transformações sociais ocorrem, faz emergir um ambiente sociocultural em virtude da era digital, trazendo uma nova forma de pensar, onde a lógica racional é hipertextual, não linear e interativa. A presença dos elementos tecnológicos na sociedade vem transformando o modo dos indivíduos se comunicarem, se relacionarem e construírem conhecimentos. Somos hoje regidos pelas novas tecnologias.

Robert Lauterborn apresentou uma visão nova para o mix de marketing, orientada ao cliente, denominada de 4C, definidos por Cliente, Conveniência, Comunicação e Custo. Ele considera que as empresas devem se concentrar no cliente, entende-lo e satisfazer seus desejos e necessidades no que diz respeito ao produto, pelo custo que estiver disposto a pagar.

Quando a informação se torna digital e em rede, as tradicionais barreiras à entrada de novos concorrentes são eliminadas e nenhum setor está protegido. A concorrência pode surgir de qualquer parte. Na nova economia digital, as empresas necessitam de novas estratégias e novas estruturas, e não apenas de reengenharia ou reorganização. Isso porque as novas tecnologias da informação e da comunicação possibilitam que se construam novas formas de relacionamento entre clientes, empresas, indivíduos, organizações e governos.

Com a chegada da Internet, algumas estratégias antes utilizadas pela comunicação organizacional e pelo gerenciamento de crise tiveram que ser alteradas. O principal motivo dessas mudanças foi a web 4.0, na qual o consumidor ou o usuário da Internet não é apenas um leitor passivo, ele participa do fato, dá sua opinião e deseja ser ouvido. Assim o Marketing digital está ocupando cada vez mais espaço e importância no Mix de Marketing. O uso das ferramentas de mídias sociais por empresas e clientes está, a cada dia, estreitando o relacionamento e melhorando a comunicação entre os dois lados. O processo de troca de informações nesta era passa, cada vez mais, a ser iniciado e controlado pelo cliente. As empresas e seus representantes são mantidos a distância até que o cliente os convide a participar da troca de informações. Mesmo depois de os profissionais de Marketing entrarem no processo, são os clientes que ditam as regras. São eles que definem de quais informações necessitam, em que ofertas estão interessados e que preços estão dispostos a pagar.

Atualmente o Marketing que é feito na internet está tendo um crescimento exponencial com relação ao número de disponibilidades de novos serviços que ele pode agregar como: diretórios, indexação e pesquisa que ajudam aos usuários a descobrir informações pelo qual precisam tendo em vista algum produto ou serviço que desejam. Pode-se concluir que a velocidade das mudanças estruturais da nova economia faz com que as empresas tenham de repensar continuamente seus negócios, mercados e produtos. Na nova economia, ser grande não é o fator crítico de sucesso, mas sim a inovação, a agilidade e o aprendizado organizacional. E os principais meios dessa comunicação de última geração são as mídias sociais que ligadas às redes sociais vem crescendo cada vez mais.

Observa-se que o consumidor, sobretudo o educacional, em um cenário que envolve o cliente direto (o estudante) e o cliente indireto (a família) está mudando, exigindo cada vez mais produtos e serviços personalizados, que atendam especialmente as suas necessidades. Com isso, vem mudando também a relação estabelecida com as escolas. Cada vez mais, escolas privadas não são feitas apenas para os clientes diretos, mas sim, para os indiretos. A Internet e as redes sociais virtuais potencializaram estas mudanças. Neste cenário, a aplicação e adoção de atividades de Marketing nas escolas passam a ser balizadas pelo planejamento digital. A imagem atual de uma instituição, principalmente as educacionais, depende em grande parte do seu passado. Assim, não se modifica uma imagem em um curto espaço de tempo. O estabelecimento de uma nova impressão por parte dos consumidores apresenta-se como resultado de um trabalho de médio a longo prazo.

Um dos maiores desafios que uma instituição de ensino pode enfrentar é o decréscimo de estudantes, crescentes índices de inadimplência, situação que afeta mais escolas com uma imagem consolidada na região por sua tradição e estrutura física, mas que pouco ou nada fiz para aprimorar sua imagem institucional. Normalmente uma situação dessa é imputável a quatro problemas institucionais: a) uma imagem que apesar da estrutura da escola, é vista como tradicional e antiga, não se aproximando do seu público infantil, pré-adolescente e adolescente; b) atitudes e comportamentos de alguns funcionários e professores, que estão prejudicando o ambiente escolar, gerando situações de insatisfação; c) falta de novos critérios de relacionamento entre a instituição e seus alunos, e também com as famílias destes; d) falta de uma clara e continua estratégia para enfrentar as mudanças de mercado e do público alvo.

Sendo assim uma das primeiras medidas a ser adotadas é desenvolver ações que visavam aprimorar e renovar os esforços aplicados à imagem Institucional. Isso requer algumas alterações na equipe administrativa e no quadro de docentes em busca de novos profissionais que podem atender às necessidades da entidade e melhorar consideravelmente a relação com os estudantes. Isto pode proporcionar um novo clima motivacional dentre as equipes pedagógicas, que se empenharão mais na elaboração dos eventos do calendário escolar, empregando maior criatividade em sua didática.

Professores com novas práticas de ensino podem promover uma maior aproximação dos estudantes com o corpo docente, que pode ser ainda mais facilitada com algumas modificações na estrutura física da escola (do tipo, por exemplo, uma nova cor na fachada da instituição), e também deixar o ambiente escolar mais descontraído especificadamente durante os intervalos.

Independentemente do fim do ano eletivo, deve já ser desenvolvida uma nova campanha de matricula que possa despertar interesse para as mudanças que serão implantadas na instituição a partir do próximo ano eletivo, planejando a confecção de cartazes, panfletos, outdoors, camisas, busdoors, adesivos, banners, faixas, tudo para "vestir" a instituição e a região em torno da campanha. Contemporaneamente a equipe de atendimento da fase de matricula deve ser especificadamente treinada para estar pronta para receber os familiares e estudantes. Isso envolve também uma remodelação dos espaços físicos onde esta atividade será desenvolvida.

Estas transformações e melhorias adquirem um importante significado perante os estudantes e as famílias.

Indicam que a instituição se preocupa em sentir e atender as necessidades, dentro de suas limitações e a alteração de uma situação caraterizada para burocratização, hierarquia fechada ou antiquada está sendo substituída para uma situação flexível e modulada as exigências do seu público, ou seja, a instituição está revertendo o critério de adequação: não são mais os consumidores que precisam adequar-se à estrutura da escola, mas é a escola que deve se adequar aos consumidores.

As instituições não podem respondem casualmente ao mercado, mas devem integrar o seu público alvo com as ações e diretrizes da escola, trazendo para dentro do planejamento estratégico da instituição os alunos, pais, funcionários de base etc., realizando levantamentos sobre satisfação e, portanto, responder totalmente ao mercado sendo orientada para a satisfação de seu público alvo desde a seleção dos professores e funcionários até a elaboração das turmas. Além disso, em todo instante, a instituição buscará avaliar a satisfação e identificar novas necessidades ainda não atendidas, fazendo com que todos os envolvidos no processo da atividade escolar estejam empenhados em ver o estudante e o atendimento às suas expectativas (e de sua família) como a meta principal.

BIBLIOGRAFIA

AGUIAR, Victor Rafael L. A pesquisa de Marketing como ferramenta competitiva. In: COLOMBO, Sonia Simões. (Org.). Marketing Educacional – Estratégias e Ferramentas. São Paulo: Artmed, 2005. p. 51-78

ASSUNÇÃO J. B. Estratégia online para marketing ideal. Marketing Estratégico, São Paulo, 22 jun. Saraiva 2007.

BARDIN, Laurence. Análise de conteúdo. Lisboa: Edições 70, 1979.

BELCH, George E; BELCH, Michael A. Propaganda e Promoção. Uma perspectiva da Comunicação Integrada de marketing. Tradução de Adriana Rinaldi, Daniela Cecília da Silva, Denise Durante. 7 ed. São Paulo, McGraw-Hill, 2008.

BERG, B.L. (1998). Qualitative Research Methods for the Social Sciences. 3ª ed. MA (USA): Allyn & Bacon.

BRAGA, Ryon. O marketing nas instituições de ensino. Revista Aprender, Edição de Julho/Agosto 2002.

BRAGA, R; MONTEIRO, C. A. Planejamento Estratégico Sistêmico para Instituições de Ensino. São Paulo: Hoper, 2005.

BUENO. W.C. Comunicação Empresarial: da rádio peão às mídias sociais. São Bernardo do Campo: Universidade Metodista de São Paulo: 2014.

CAMPOMAR, Marcos C.; IKEDA, Ana A. O planejamento de marketing e a confecção de planos: dos conceitos a um novo modelo. São Paulo: Saraiva 2006.

CARDOSO, O. O. Comunicação empresarial versus comunicação organizacional: novos desafios teóricos. Revista de Administração Pública (RAP), Rio de Janeiro, v. 40, n.6, p 1123-1144, 2006.

CAVALHEIRO, Wandy. Branding: gestão da marca em instituições de ensino. In: COLOMBO, Sonia Simões. (Org.). Marketing Educacional – Estratégias e Ferramentas. São Paulo: Artmed, 2005. p. 35-50.

CHAUVEL, M. A. The History of Marketing Thought and "The Great Transformation" of Polanyi: How To Conciliate Social and Economic Interests. In: BALAS CONFERENCE, 2001. San Diego. Anais... San Diego, 2001, trad. Editora Atlas.

CHURCHILL, Gilbert A. PETER, J. Paul. Marketing: criando valor para os clientes. São Paulo, SP: Saraiva, 2019.

CHURCHILL, Gilbert A.;PETER, J. Paul. Marketing: Criando Valor para os Clientes. 2.ed. São Paulo: Saraiva, 2000.

COBRA, Marcos; BRAGA, Ryon. Marketing Educacional: ferramentas de gestão para instituições de ensino. São Paulo: Cobra Editora, 2004.

COBRA, M.; BRAGA, R.Marketing Educacional: Ferramentas de Gestão para Instituições de Ensino. São Paulo: Cobra, 2004.

COBRA, Marcos. Administração de Marketing. 2. ed. São Paulo: Atlas, 1992.

COLOMBO, Sonia Simões (Org.). Marketing Educacional em Ação. Porto Alegre: Artmed, 2005.

DAUD, Miguel Dib. Propaganda e Promoção. In: COLOMBO, Sonia Simões. (Org.). Marketing Educacional – Estratégias e Ferramentas. São Paulo: Artmed, 2005. p. 79-94.

DICKSON, Peter R. Marketing Management. The Dryden Press Harcourt Brace College Publishers, 1994.

DRUCKER, Peter. Administrando para obter Resultados. Tradução de Nivaldo Montingelli Jr. São Paulo: Pioneira, 1998 (Administração e Negócios).

DRUKER, P. Prática de Administração de Empresas. Rio de Janeiro: Fundo de Cultura,1962.

DUGAICH, Célia. Marketing de relacionamento nas instituições de ensino. In: COLOMBO, Sonia Simões. (Org.). Marketing Educacional – Estratégias e Ferramentas. São Paulo: Artmed, 2005. p. 117-130.

DUTRA, I. Utilização dos conceitos de marketing para aumentar a eficácia das leis. 1989. USP, São Paulo.

ENGEL, James F.; WARSHALL, M. R.; KINNEAR, T. C. Promotional strategy: managing the marketing comunications. EUA: Irwin, 1994

ESPINOZA, F. da Silveira; HIRANO, A. Shizue Posicionamento de marcas através do uso de mapas perceptuais do consumidor: Um estudo exploratório no setor de condicionadores de ar. 2003 VI SEMEAD FEA/USP

ETZKOWITZ, HENRY and ZHOU, CHUNYAN. Hélice Tríplice: inovação e empreendedo-rismo universidade-indústria-governo. Estud. av. [online]. 2017, vol.31, n.90

ETZKOWITZ, Henry; ZHOU, Chunyan. The triple helix: University–industry–government innovation and entrepreneurship. Routledge, 2017.

FACÓ, Marcos Henrique. A essência do Marketing Educacional. In: COLOMBO, Sonia Simões. (Org.). Marketing Educacional – Estratégias e Ferramentas. São Paulo: Artmed, 2005. p. 17-34.

FARIA, Sérgio Henrique. Aplicação do Composto de Marketing nas Instituições de Ensino Superior. 2009. Disponível em: <http://www.ead.fea.usp.br>. Acessado em 15.ago.2024.

FORRESTER RESEARCH, Inc. Uma cartilha executiva para gerenciamento de sucesso do cliente. Abril 2014

FREEMAN, R. E. Strategic management: a stakeholder approach. Boston, MA: Pitman, 1984.

FREITAS, H.; MOSCALORA, J.; OLIVEIRA, M; SACCOL, A. Z. O método da pesquisa survey. Revista de administração da USP, São Paulo v. 35, n.3, p. 105-112, jul./set. 2000.

GAINSIGHT, Porque toda empresa precisa de sucesso do cliente. 2019.

GIACOMINI FILHO, Gino. Marketing educacional: tudo por fazer. Revista Comunicação & Sociedade, n. 26. São Paulo: IMS, 1996.

GIOVINAZZO, R. A. (2001). Focus Group em Pesquisa Qualitativa - Fundamentos e Reflexões. Administração On-line - Prática- Pesquisa - Ensino, 2, nº 4.
GIL, A. C. (1995). Métodos e técnicas de pesquisa social. 5ª ed. São Paulo: Atlas.
GIL, Antonio Carlos, Métodos e técnicas de pesquisa social / Antonio Carlos Gil. - 6. ed. - São Paulo : Atlas, 2008.
GIL, Antônio Carlos. Como elaborar projetos de pesquisa. 4ªed. São Paulo: Atlas, 2002.
GORDON, Ian. Marketing de Relacionamento: estratégias, técnicas e tecnologias para conquistar clientes e mantê-los para sempre. São Paulo, SP: Futura, 2018.
HAIR, J. F. Análise multivariada de dados. 5 ed. Porto Alegre: Bookman, 2005
HENZO, Miguel A. Moderadores da preferência do consumidor entre marcas locais e globais. Tese de doutorado defendida na FEA/USP, 2002
KOTLER, Philip. Administração de Marketing: análise, planejamento, implementação e controle. 5. ed. São Paulo: Atlas, 2008.
KOTLER Administração de marketing: edição do novo milênio. 10.ed. São Paulo: Prentice Hall, 2000.
KOTLER, Philip; FOX, Karen. Marketing estratégico para instituições educacionais. São Paulo: Atlas, 1994.
KOTLER, Philip, KELLER, Kevin L. Administração de Marketing. 12. Ed. São Paulo: Pearson Prentice Hall, 2006
KOTLER, Philip e KELLER, Kevin. Administração de Marketing –Tradução Sonia MidoriYamoto revisão técnica Edson Crescitelli - 14ª Edição. São Paulo: Prentice Hall, 2012.
KOTLER, P.; ARMSTRONG, G. Princípios de marketing. Rio de Janeiro: Prentice-Hall do Brasil Ltda, 1993.
KOTLER, Philip. ARMSTRONG, Gary. Introdução ao Marketing. 7ª edição. Rio de Janeiro, RJ: LTC, 2017.

KOTLER, Philip. FOX, Karen F. A. Marketing Estratégico para Instituições Educacionais. São Paulo, SP: Atlas, 2018.
KOTLER, Philip. TRIAS DE BES, Fernando. Marketing Lateral. Rio de Janeiro, RJ: Elsevier, 2020.
KUNSCH, M. M. K. Planejamento de Relações Públicas na Comunicação Integrada. 4ºed, São Paulo: Summus, 2003.
KUNSCH, M. M. K. Comunicação organizacional na era digital: contextos, percursos e possibilidades. Signo y Pensamiento, Bogotá, v. 26, n.2, 2007.
LAKATOS, Eva Maria. MARCONI, Marina de Andrade. Fundamentos de metodologia científica. 8ª edição. São Paulo, SP: Atlas, 2019.
LAS CASAS, Alexandre. Marketing Educacional: da educação infantil ao ensino superior no contexto brasileiro. São Paulo: Saint Paul Editora, 2008.
LAS CASAS, Alexandre. Administração de marketing: Conceitos, Planejamentos e aplicações à realidade brasileira.São Paulo: Ed. Atlas, 2006.
LAS CASAS, A. L. Marketing de Serviços. São Paulo: Atlas, 1991.
LEVITT, Theodore. A Imaginação em Marketing. São Paulo: Atlas, 1985.
LIMA, Alessandro Barbosa. Tendências do Marketing On-line para promoção de produtos e serviços educacionais. In: COLOMBO, Sonia Simões. (Org.). Marketing Educacional – Estratégias e Ferramentas. São Paulo: Artmed, 2005. p. 177-192.
LUPETTI, M. Gestão estratégica da comunicação mercadológica: planejamento - 2ª edição. São Paulo: Cengage Learning, 2012.
MADEIRA JB, HEWLIN, TODD e LAH Thomas, B4B: Como a tecnologia e o Big Data estão reinventando o relacionamento cliente-fornecedor, 2013 P 152-3

MALHOTRA, Naresh. Pesquisa de Marketing: uma orientação aplicada. Porto Alegre: Bookman, 2001.

MANNING, HARLEY E BODINE, KERRY. Outside In: O poder de colocar os clientes no centro dos seus negócios. Pesquisa Forrester, 2012

MARCHIORI. M. Os desafios da comunicação interna nas organizações. Conexão - Comunicação Cultura, UCS. Caxias do Sul. v.9. N.17, jan/jun 2010.

MATTAR, Fauze Nagib; SANTOS, Dilson Gabriel Gerência de produtos: como tornar seu produto um sucesso. São Paulo: Atlas, 1999

MEHTA N., STEINMAN D. e MURPHY L .: Sucesso do cliente: Como as empresas inovadoras estão reduzindo a rotatividade e aumentando a receita recorrente. Wiley. Fevereiro de 2016.

MINTZBERG, H. ; WALTERS J. A. Trackimg strategy in an entrepreneurial firm. Family Business Review, volume 3, number 3, p. 285-315, 1990.

MIRANDA, C.M.C.;ARRUDA, D.M. A evolução do pensamento de marketing: uma análise do corpo doutrinário acumulado no século XX. In: ASSOCIAÇÃO NACIONAL DOS PROGRAMAS DE PÓS-GRADUAÇÃO EM ADMINISTRAÇÃO, XXVI, Salvador, 2002. Anais... Salvador/BA: ENAPAND, 2002.

MORGAN, D. L. Focus group as qualitative research. London: Sage, 1997.

MOURA, M. Marketing e Educação. Administradores, São Paulo, 01 set. 2001.

OBRA, Marcos. Administração de Marketing no Brasil. São Paulo, SP: Cobra Editora & Marketing, 2018.

OLIVEIRA, T. Z.; PERROTTA, K.; SERRALVO, F. A. Posicionamento de marcas no mercado bancário. XVII congresso latino americano de estratégia – Slade, Itapema-SC, 2004 CD ROM

OLIVEIRA, S. R. G. Cinco décadas de marketing. GV Executivo, v. 3, n. 3, p. 37-43, ago.-out. 2004.

OZAIR, José. Lutar por uma educação de qualidade é obrigação de todos os cidadãos. Goiânia: Assembléia Legislativa do Estado e Goiás, 2008.

PEPPERS, Don; ROGERS, Martha. CRM Series–Marketing 1 to 1–Um Guia Executivo Para Entender e Implantar Estratégias de Customer Relationship Management. São Paulo: Peppers and Rogers Group do Brasil, 2000.

PETER, J. Paul & CHURCHILL, Girbert. Marketing criando valor para os seus clientes. 2a Ed.São Paulo: Saraiva, 2000.

PORTER, M. E. Estratégia Competitiva. Rio de Janeiro: Campus, 1991

PORTER, Michael. Vantagem competitiva. Rio de Janeiro: Campus, 1992.

RAMALHO, Eduardo. Estratégias de Captação de Alunos. In: COLOMBO, Sonia Simões. (Org.). Marketing Educacional – Estratégias e Ferramentas. São Paulo: Artmed, 2005. p. 95-116.

RODRIGUES, Flávia. Revista Educação. São Paulo, 2004.

SAMPAIO, Maurício. Professor: o quinto P do mix de marketing educacional. In: COLOMBO, Sonia Simões. (Org.). Marketing Educacional – Estratégias e Ferramentas. São Paulo: Artmed, 2005. p. 173-176.

SANT'ANA, Armando; JÚNIOR, Ismael Rocha; GARCIA, Luiz Fernando Dabul. Propaganda: teoria, técnica e prática. 8. ed. São Paulo: Cengage Learning, 2009.

SANTOS, A. O Gerente online. Educação Empresarial, São Paulo, 27 ago.2007.

SANTOS, Jacques Fernandes. Gestão & Sociedade: reflexões sobre a comunicação, educação e políticas públicas em construção. Paulo Afonso-Bahia: Editora Oxente, 2017.

SELLTIZ, C. et al. Métodos de pesquisa nas relações sociais. São Paulo: Ed. Pedagógico e Universitária. 1974.

SEMENIK, Richard J., BAMOSSY, Gary J. Princípios de Marketing. São Paulo: Makron Books, 1995.

SHIMP, Terence A Propaganda e promoção: aspectos complementares da comunicação integrada de marketing. Porto Alegre: Bookman, 2002

SILVA, R. N.; OLIVEIRA, R. Os limites pedagógicos do paradigma da qualidade total na educação. In: CONGRESSO DE INICIAÇÃO CIENTÍFICA DA UFPE, 4., 1996, Recife.

SOUZA, Marcos Gouvêa de, NEMER, Artur. Marcas e Distribuição. São Paulo: Makron Books, 1993.

TAVARES, Mauro Calixta. A força da marca - Como construir e manter marcas fortes. São Paulo: Harbra, 1998.

TOLEDO, G. L.; HENZO, M. A O processo de posicionamento e o marketing estratégico. FEA/USP, 1994

TYBOUT, Alice M e STERNTHAL, Brian. Estratégia nos negócios: conceitos, alternativas e casos. In: IACOBUCCI, Dawn (Org). Os desafios do marketing: aprendendo com os mestres da Kellogg Graduate School of Managenment. São Paulo: Futura 2001.

VAZ, Gil Nuno. Marketing Institucional: o mercado de ideias e imagens. 5ª edição. São Paulo, SP: Pioneira, 2017.

WEBSTER JR., F. Marketing in changing times. Marketing Management, v. 11, n. 1, Jan.- Feb. 2002.

WEITZ, B.; WENSLEY, R. Introduction to the special issue on marketing strategy. International Journal of Research in Marketing, v. 9, n. 1, p.1-4, 1992.Acesso em: 24 de julho 2024 https://books.google.com.br/books?id

WILLIAM Lidwell; KRITINA Holden; JILL Butler (1 January 2010), Universal Principles of Design, Rockport Pulishers, p. 182, ISBN 978-1-61058-065-6

WOLTON, D. Informar não é comunicar. Tradução Juremir Machado da Silva. Porto Alegre: Sulina, 2011.

YANAZE, M. H. (Org). Gestão de marketing e comunicação: avanços e aplicações. São Paulo: Saraiva, 2011.

www.ingramcontent.com/pod-product-compliance
Lightning Source LLC
Chambersburg PA
CBHW071058240526
45471CB00016B/2104